El monasterio mágico

Libros de Idries Shah

Estudios Sufis y literatura de Medio Oriente

Los Sufis

Caravana de sueños

El camino del Sufi

Cuentos de los derviches: *Cuentos-enseñantes milenarios* Pensamiento y acción Sufi

Psicología tradicional, encuentros enseñantes y narrativas

Pensadores de Oriente: *Estudios sobre empirismo*

La sabiduría de los idiotas

La exploración dérmica

Aprender cómo aprender: *Psicología y espiritualidad en la vía Sufi*

Saber cómo saber

El monasterio mágico: *Filosofía analógica y práctica*

El buscador de la verdad

Observaciones

Noches con Idries Shah

El yo dominante

Disertaciones universitarias

Un escorpión perfumado (Instituto para el estudio del conocimiento humano – ISHK – y la Universidad de California)

Problemas especiales en el estudio de ideas Sufis (Universidad de Sussex)

El elefante en la oscuridad: *Cristianismo, Islam y los Sufis* (Universidad de Ginebra)

Aspectos negligidos del estudio Sufi: *Empezando a empezar* (The New School for Social Research)

Cartas y disertaciones de Idries Shah

Ideas actuales y tradicionales

Reflexiones

El libro del libro

Una gacela velada: *Viendo cómo ver*

Iluminación especial: *El uso Sufi del humor*

Corpus del Mulá Nasrudín
Las ocurrencias del increíble Mulá Nasrudín
Las sutilezas del inimitable Mulá Nasrudín
Las hazañas del incomparable Mulá Nasrudín
El mundo de Nasrudín

Viajes y exploraciones
Destino: La Meca

Estudios sobre creencias minoritarias
El conocimiento secreto de la magia
Magia oriental

Cuentos selectos y sus trasfondos
Cuentos del mundo

Una novela
Kara Kush

Trabajos sociológicos
La Inglaterra tenebrosa
Los nativos están inquietos
El manual de los ingleses

Traducidos por Idries Shah
Los cien cuentos de la sabiduría (El *Munaqib* de Aflaki)

El monasterio mágico

Idries Shah

ISF PUBLISHING

Las solicitudes de permisos para reimprimir, editar, reproducir, etc.,
deben ser dirigidas a:
The Permissions Department
ISF Publishing
The Idries Shah Foundation
P.O. Box 71911
London NW2 9QA
United Kingdom
permissions@isf-publishing.org

ISBN 978-1-78479-858-1

Primera publicación: 1972
Edición actual: 2020
En asociación con The Idries Shah Foundation

Índice

Prefacio

En colecciones anteriores, como *La exploración dérmica* y *Pensadores de Oriente*, he reunido cuentos que ilustran los métodos de instrucción empleados por los sabios del Medio Oriente durante los últimos mil años, seleccionados a partir de fuentes tanto orales como escritas. *El monasterio mágico*, sin embargo, difiere de sus predecesores en un aspecto importante.

Esta presentación de trabajos en gran parte inéditos contiene no solo cuentos tradicionales, sino también piezas en el formato tradicional que he compuesto yo mismo cuando no he podido encontrar un ejemplo existente para introducir allí donde la exhaustividad Sufi lo exige. Por lo tanto, el libro ofrece una muestra representativa de la enseñanza Sufi, la cual constituye un todo armonizado y no meramente una selección de extractos típicos.

Los numerosos orientalistas y eruditos que debido a razones técnicas y académicas han apoyado generosamente las colecciones anteriores, son merecedores de digno reconocimiento. No menos importante es el estímulo que han ofrecido los literatos, principalmente al dirigir la atención al poder intrínseco de los materiales en esta tradición.

Sin embargo, además de los elementos históricos y estéticos, siempre me he focalizado sobre los aspectos funcionales de la literatura de acción de los Sufis. Por lo tanto, es especialmente gratificante poder registrar que esta parte del trabajo ha estado recibiendo recientemente una mayor atención y comprensión. *El monasterio mágico* aspira tanto a contribuir en este último objetivo como a lograr el disfrute del lector.

Idries Shah

El monasterio mágico

Cierto derviche taciturno solía acudir a las comidas semanales que ofrecía un hombre refinado y generoso. Este círculo era conocido como “La asamblea de los cultos”.

El derviche nunca participaba en la conversación; simplemente llegaba, sonriente estrechaba manos con todos los presentes, se sentaba en un rincón y comía el alimento ofrecido.

Cuando terminaba la reunión se ponía de pie, decía unas palabras de agradecimiento y despedida y partía. Nadie sabía nada de él, aunque cuando apareció por primera vez hubo rumores de que era un santo.

Durante mucho tiempo los otros invitados creyeron que debía efectivamente ser un hombre de santidad y conocimiento, y esperaban con ansias el momento en que les impartiese algo de su sabiduría. Algunos de ellos incluso se jactaban ante sus amigos de su asistencia a tales reuniones, insinuando la distinción especial que sentían debido a su presencia.

Poco a poco, sin embargo, debido a que no podían sentir que se desarrollaba una relación con este hombre, los invitados comenzaron a sospechar que era un imitador o tal vez un farsante. Varios de ellos comenzaron a sentirse incómodos ante su presencia. Parecía no hacer nada para armonizarse con el ambiente y ni siquiera contribuía con un proverbio a la conversación ilustrada, a la cual habían llegado a valorar como parte necesaria de sus propias vidas. Algunos, por otro lado, dejaron de reparar en su presencia allí pues no se hacía notar en absoluto.

Un día habló el derviche. Dijo:

"Los invito a todos a que mañana por la noche visiten mi monasterio. Cenarán conmigo."

Esta invitación inesperada provocó un cambio en las opiniones de todos. Algunos pensaron que el derviche, que estaba muy mal vestido, debía estar loco y seguramente no podía proporcionarles nada. Otros consideraron que su conducta anterior había sido una prueba. Por fin, se dijeron a sí mismos, los recompensaría por su paciencia en haber soportado una compañía tan lúgubre. Sin embargo, aún quedaban quienes se decían entre sí:

"Hay que tener cuidado, porque puede que esté intentando seducirnos para someternos a su poder."

Mas la curiosidad hizo que todos, el anfitrión incluido, aceptaran la invitación.

A la noche siguiente el derviche los condujo desde la casa a un monasterio escondido, de tal tamaño y magnificencia que quedaron aturdidos.

El edificio estaba lleno de discípulos que realizaban todo tipo de ejercicios y tareas. Los invitados atravesaron salas de contemplación llenas de sabios de aspecto distinguido que respetuosamente se ponían de pie y hacían una reverencia ante el acercamiento del derviche.

El banquete que disfrutaron sobrepasó toda capacidad de descripción.

Los visitantes estaban abrumados. Todos le rogaron que los aceptara como discípulos inmediatamente.

Pero a todas sus súplicas el derviche solamente respondía:

"Esperen hasta la mañana."

Llegó la mañana y los invitados, en lugar de despertarse vestidos con hermosas túnicas en las lujosas camas de seda a las que habían sido conducidos la noche anterior y, se encontraron yaciendo tiesos y desnudos, dispersos en el suelo y rodeados por los confines pedregosos de una enorme y fea ruina sobre una yerma ladera de montaña. No había rastro ni del derviche ni de los hermosos arabescos o las bibliotecas o las fuentes o de las alfombras.

"¡El infame desdichado nos ha engañado con las artes de la brujería!", gritaron los invitados. Alternativamente se compadecían y felicitaban mutuamente por sus sufrimientos y porque al fin de cuentas habían adivinado las intenciones del villano, cuyos encantamientos obviamente se habían disipado antes de que pudiera lograr vaya uno a saber qué malvados propósitos. Muchos de ellos atribuyeron el escape a su propia pureza mental.

Pero lo que no sabían era que, por el mismo medio que había usado para provocar la experiencia del monasterio, el derviche les hizo creer que habían sido abandonados en una ruina. De hecho, no estaban en ninguno de esos sitios.

Entonces, como surgiendo de la nada, se presentó ante los invitados y dijo:

"Regresaremos al monasterio."

Hizo un ademán con sus manos y todos se encontraron de nuevo en los salones palaciegos.

Ahora estaban arrepentidos, porque inmediatamente se convencieron de que las ruinas habían sido la prueba y que este monasterio era la verdadera realidad. Algunos murmuraron:

"Es una gran suerte que no haya oído nuestras críticas. Incluso si apenas nos enseña este extraño arte, habrá valido la pena."

Pero el derviche repitió el ademán con sus manos y se encontraron nuevamente sentados a la mesa de la comida comunal que, de hecho, nunca habían abandonado.

El derviche estaba sentado en su rincón habitual, comiendo su especiado arroz como de costumbre, sin decir palabra alguna.

Y luego, mirándolo con inquietud, todos escucharon que su voz les hablaba como si estuviera dentro de sus propios pechos… aunque sus labios no se movían. Él dijo:

"Mientras vuestra codicia les impida distinguir el autoengaño de la realidad, no hay nada real que un derviche pueda mostrarles… solo el engaño. Aquellos cuyo alimento es el autoengaño y la fantasía solo pueden ser alimentados con engaño y fantasía."

Todos los presentes en aquella ocasión continuaron frecuentando la mesa del hombre generoso. Pero el derviche nunca volvió a hablarles.

Y después de un tiempo, los miembros de la asamblea de los cultos se dieron cuenta de que a partir de entonces su rincón estaba siempre vacío.

Pensamiento de gato

HABÍA UNA VEZ un gatito.

Alguien lo llevó a ver un tigre, el cual era cincuenta veces más grande.

El gatito dijo:

“Quien se muestra con una apariencia tan magnífica debe valer muy poco. Si realmente tuviese algo valioso dentro de sí, no necesitaría ser tan voluminoso.”

El fruto que se felicita a sí mismo

En la familia de los Jan Fishans se cuenta que cierto Emir, escoltado por un abundante séquito, viajó desde Arabia para ver al gran Khan. Cuando llegó, lo trataron con honor y le dieron regalos costosos. Muchos de los miembros de la corte de Jan Fishan esperaban que después de tal viaje el príncipe hiciera innumerables preguntas, o que acaso permanecería callado para intentar absorber la sabiduría mediante la compañía del gran Khan.

Pero el Khan dijo, justo antes de que se anunciara con gran ceremonial al Emir: "Observen este intercambio, ya que rara vez se experimenta algo así."

El emir entró y dijo:

"Confírmame en mi Emirato, pues no soy de la Familia de los Hachemitas y es de tus ancestros que toda nobleza recibe su rango."

Jan Fishan dijo:

"¿Deseas ceremonia y cortesía y la confirmación de rango, o buscas una respuesta a una pregunta?"

"Ojalá pudiera tener ambas; pero si se me ha de dar solo una, deseo una respuesta a mi pregunta", dijo el Emir.

"Dado que libre de avaricia has pedido solo una, te daré ambas", dijo Jan Fishan Khan, "y confirmaré o negaré tu título en la respuesta a tu pregunta filosófica."

El Emir preguntó:

"Esta es mi pregunta. ¿Por qué tantos Sufis menosprecian las grandes obras, el heroísmo, la paciencia y la elevada mentalidad, que son el patrimonio y la gloria de los árabes?"

Jan Fishan dijo:

"Y aquí está la respuesta, que no solo explicará nuestra posición sino que también te mostrará tu verdadera posición como noble entre los árabes.

"Damos por descontado – e incluso a veces ridiculizamos – esas cualidades de las que muchos hombres se enorgullecen, en virtud de que tales cualidades deben ser el mínimo y no el máximo alcanzable por el humano. Si un hombre es un héroe, o paciente o devoto u hospitalario o tiene alguna de las otras cualidades: este es el punto desde donde comienza. ¿Es una bestia, que debería estar orgulloso si aprende a comportarse bien en relación con los demás? ¿Es acaso una fruta, para que la gente recuerde su nombre y siempre busque a otras del mismo tipo? No, es alguien que debería avergonzarse de no haber sido siempre digno, y debería estar agradecido de que sea capaz de hacer grandes cosas."

Después de esto, el noble abandonó el título de Emir diciendo: "Emir es la palabra que usamos para el tipo de hombre que está en el fondo, entonces, ¿por qué yo debería necesitar que me describa? Lo que llamamos un hombre común, con pocas cualidades, ni siquiera ha de considerarse como participante en el viaje hasta que alcance lo que llamamos 'Alteza' (elevado)".

Uno de sus compañeros dijo:

"¿Cómo? ¿Desecharás la gloria de tu familia por algo que podrías haber leído en un libro?"

El Emir dijo:

"Podría haberlo leído en un libro, y no habría sido menos cierto. Tal vez lo haya leído en un libro en algún momento, pero no le presté atención. Y si de hecho lo he leído en algún momento, entonces soy doblemente culpable pues he traicionado mi capacidad de lectura al ignorar el valor que ello tenía para mí, ya que me hubiese ayudado a dejar de ser una fruta que se vanagloria por serlo y a recobrar el estatus de hombre.”

Codicia, obligación e imposibilidad

Un Sufi dijo:

"Nadie podrá entender al hombre hasta que se dé cuenta de la conexión entre la codicia, la obligación y la imposibilidad."

"Esto", dijo su discípulo, "es un enigma que no puedo comprender."

El Sufi dijo:

"Nunca busques la comprensión a través de acertijos cuando puedes lograrla a través de la experiencia."

Llevó al discípulo a una tienda en el mercado cercano, donde se vendían túnicas.

"Muéstrame tu mejor túnica", dijo el Sufi al comerciante, "porque estoy con ganas de gastar en exceso."

El dueño del local sacó a relucir la prenda más hermosa y le pidió un precio altísimo por ella.

"Es casi exactamente lo que quiero", dijo el Sufi, "pero me gustaría algunas lentejuelas alrededor del cuello, y un pequeño ribete de piel."

"Nada más fácil", dijo el vendedor de túnicas, "porque tengo una prenda así en el taller de mi tienda."

Desapareció por unos momentos y regresó después de haber agregado el ribete de piel y las lentejuelas a la misma prenda anterior.

"¿Y cuánto cuesta esta?", preguntó el Sufi.

"Veinte veces más que la primera", dijo el tendero.

"Excelente", dijo el Sufi, "me llevaré las dos."

Engaño

Un aspirante a discípulo le dijo a un sabio:

"Hace varios días que vengo escuchándote condenar actitudes, ideas e incluso conductas que no son mías ni jamás lo han sido. ¿Cuál es el propósito de esto?"

El sabio dijo:

"El propósito de ello es que tú, en algún momento, deberías dejar de imaginar que ninguna de las cosas que yo condeno te corresponden y darte cuenta de que sufres el engaño de creer que ahora no eres así."

Gato y conejo

Un gato dijo:

"¡No vale la pena enseñarles a los conejos! Aquí estoy, ofreciendo lecciones baratas sobre cómo atrapar ratones... ¡y no hay un solo conejo interesado!"

Una respuesta de Humanyun Adil

HUMANYUN ADIL ESCUCHÓ a alguien decir:

"Si tan solo esta disertación de tal o cual maestro tuviera más contenido, fuese más densa, ¡cuánto más útil sería!"

Humanyun exclamó de inmediato:

"Eso me recuerda al hombre que encontró un manuscrito de cuatro páginas; deseó que no hubiese espacios en blanco pues creía que era un desperdicio de papel.

"De repente, y mediante un efecto mágico, el negro de las letras comenzó a expandirse... y muy pronto cada página quedó completamente negra."

La enfermedad

UNA VEZ, UN ruiseñor le dijo a un pavo real:

"Cuando trino, la gente me rodea para escuchar la belleza y pureza de mi voz: puede que el hombre sea un asesino, pero también es un esteta."

El pavorreal lo escuchó con atención, y decidió atraer a una multitud para que admirase su plumaje; algo muchísimo más exquisito que cualquier cosa que pudiese mostrar el ruiseñor.

Entonces fue a un sitio donde los humanos se congregaban, comenzó a brincar frente a un grupo de personas, plegando y desplegando su cola, pavoneándose y agitando sus plumas ante la mirada de todos.

Uno de los hombres dijo:

"Hay algo que está mal con ese desdichado pavo real: no puede quedarse quieto. Debe ser alguna enfermedad."

Entonces agarraron al pavorreal y lo mataron, en caso de que la enfermedad se propagase a sus aves domésticas.

El hijo de un mendigo

CUANDO EL MAESTRO Salim de Isfahán visitó el pueblo de Haidarabad en la India, los habitantes compitieron entre sí para ser elegidos como discípulos.

Algunos eran ricos, otros tenían un conocimiento intachable de las Tradiciones, y todos querían sentarse a los pies de Salim.

Pero cuando terminó su visita, Salim no dejó a nadie como guía para la gente y solamente se llevó consigo al hijo de un mendigo.

Más de diez años después, su delegado Muzaffar llegó a Haidarabad y reanudó la Enseñanza allí. Fue solo cuando la gente se dio cuenta de su gran valor que reveló que él era el hijo del mendigo, aquel que había sido elegido por Salim.

Cuando esta historia se volvió corriente, la gente la contaba como una maravilla y la consideraba una lección... mas solo veían un lado de ella.

Un día, cuando estaba en su corte abierta, alguien le dijo a Muzaffar:

"¡Cuán poético y justo que el más humilde se convierta en el líder de todos! ¿No fue doloroso vivir en la atmósfera del Maestro como hijo de un mendigo y soportar las pruebas que suceden antes de que uno se transforme en un sheikh Sufi?"

Muzaffar dijo:

"Para mí fue algo doloroso. Sin embargo, para uno de mis compañeros que conocí allí fue realmente doloroso, porque estaba experimentando un cambio mayor."

Ellos preguntaron:

"¿Y cuáles eran *sus* orígenes? Debe haber sido una especie de hereje."

Muzaffar dijo:

"*Él* era hijo de un rey."

Tres épocas

1 CONVERSACIÓN EN EL *siglo quinto*:

"Se dice que la seda es tejida por insectos y que no crece en los árboles."

"Y entonces, ¿supongo que los diamantes salen de un huevo? No prestes atención a una mentira tan obvia."

"Pero ¿seguramente hay muchas maravillas en tierras remotas?"

"Es esta ansia que los crédulos tienen por lo anormal lo que produce estas invenciones fantásticas."

"Sí, supongo que es obvio cuando piensas acerca de ello: que esas cosas están muy bien para Oriente, pero nunca podrían arraigarse en nuestra sociedad lógica y civilizada."

2 *En el siglo sexto*:

"Un hombre ha venido de Oriente trayendo algunas pequeñas larvas vivas."

"Indudablemente un charlatán de algún tipo. ¿Supongo que dice que pueden curar el dolor de muelas?"

"No, algo bastante más divertido. Él dice que pueden 'hilar seda'. Él las ha 'traído, con terribles sufrimientos, de una corte a la otra, habiendo arriesgado su propia vida para conseguirlas'."

"Este tipo simplemente ha decidido aprovecharse de una superstición que ya era vieja en la época de mi bisabuelo."

"¿Qué haremos con él, mi Señor?"

"Lanza sus larvas infernales al fuego y golpéalo hasta que se retracte. Estos tipos son maravillosamente audaces. Necesita entender que aquí no somos todos campesinos ignorantes, dispuestos a escuchar a cualquier vagabundo del Oriente."

3 *En el siglo veinte*:

"¿Dices que hay algo en Oriente que aún no hemos descubierto aquí en Occidente? Todos han estado diciendo eso por miles de años. Pero en este siglo intentaremos cualquier cosa: nuestras mentes no están cerradas. Ahora dame una demostración. Tienes quince minutos antes de mi próxima cita. Si prefieres escribirlo, aquí tienes media hoja de papel."

Un Sufi de Pamiristán

Se le preguntó a un Sufi de Pamiristán, Khwaja Tufa, por qué permitía que la gente lo elogiara. Él dijo:

"Algunos elogian, otros atacan. Nosotros no somos responsables ni de las alabanzas ni de las censuras. Son bastante independientes de nosotros, y en absoluto nos prestan atención. Oponerse a los descuidados es una actividad fútil. Aquellos que ni nos elogian ni nos atacan: algunos de ellos son personas que están trabajando y sintiendo con nosotros. No los ves, entonces comienzas a preocuparte por los alabadores y opositores. Este es un tipo de bazar donde las personas están, por así decirlo, comprando y vendiendo. La actividad real es invisible para ti.

"Focalizarse en los elogios y ataques es mirar las irrelevancias. Las irrelevancias suelen ser más llamativas que las relevancias. Interesarse en lo llamativo en lugar de lo significativo es habitual mas no es útil.

"Y no pases por alto la alocución una vez dada por Zilzilavi, cuando dice:

"'Animo a que los tontos me alaben. Cuando se vuelven extremos en esto, por fin tienen la oportunidad de observar la estupidez de la obsequiosidad. Al mismo tiempo, aquellos que están hartos de los halagos me rechazarán, pensando que aliento los elogios por el deseo de ser alabado. Pero si es tanto lo que carecen de percepción que solo pueden juzgar superficialmente, debo evitarlos pues soy inútil para ellos.

"'La mejor forma de elusión es hacer que aquello a ser evitado te evite a ti... por iniciativa propia.'"

Último día

CIERTO HOMBRE CREÍA que el último día de la humanidad caería en una determinada fecha y que debía afrontarse de un modo adecuado.

Reunió a su alrededor a todos aquellos interesados en escucharlo. Cuando llegó el día, los condujo a la cima de una montaña. Apenas estuvieron reunidos en la cumbre, el peso acumulado provocó el colapso de su frágil corteza y todos fueron arrojados a las profundidades de un volcán. Y efectivamente fue su último día.

Pensamiento de vid

RESULTA QUE, UNA vez, una vid se dio cuenta de que la gente venía todos los años y tomaba sus uvas.

Observó que nadie mostraba gratitud alguna.

Un día llegó un hombre sabio y se sentó cerca.

"Esta", pensó la viña, "es mi oportunidad para resolver el misterio."

Y dijo:

"Hombre sabio, como habrás observado soy una viña. Cuando mi fruta está madura, la gente viene y se lleva las uvas. Nadie muestra ni una señal de gratitud. ¿Me puedes explicar esta conducta?"

El sabio pensó por un momento. Entonces dijo:

"La razón, con toda probabilidad, es que todas esas personas tienen la impresión de que no puedes evitar producir uvas."

Apariencias

Un Sufi dijo:

"Tal y tal Sufi lee todos los libros que puede encontrar."

Un visitante extranjero dijo:

"Dado que seguramente ya debe tener los conocimientos necesarios, ¿por qué habría de hacer eso?"

"Porque desea expresar su enseñanza en un idioma como el que se está utilizando en este momento. Y porque constantemente encuentra en los libros modernos analogías contemporáneas y sorprendentes a partir de materiales tradicionales."

"Pero *tú* no empleas analogías modernas, así que supongo que no lees libros contemporáneos", dijo el visitante.

"Pero de hecho los leo... a todos lo que puedo encontrar."

"Entonces, ¿por qué lo haces?"

"Para *evitar* el uso de la terminología actual. Si la utilizase, la gente se imaginaría instantáneamente que he copiado mis pensamientos de los libros modernos."

"Pero ello no sucede en el caso del hombre que mencionaste al principio."

"Eso es porque, aunque internamente es lo mismo, su exterioridad y la mía son diferentes. Muchas personas juzgan solo mediante la apariencia externa. Y estarán a merced de la apariencia hasta que se esfuercen en ejercitar otra capacidad. El depreciar totalmente este hecho significa que las personas no pueden en realidad comunicarse con otros y tienen que depender de lo que puedan obtener de nuestra exterioridad."

Disfraz

Había una vez una abeja que descubrió que las avispas no sabían hacer miel. Se le ocurrió explicarles cómo hacerla, pero una abeja sabia le dijo:

"A las avispas no les gustan las abejas, y si te acercaras a ellas directamente no te escucharían pues están convencidas – a través de una creencia inmemorial – de que las abejas son sus enemigas."

La abeja pensó en el problema durante mucho tiempo, y luego se dio cuenta de que si se cubría con polen amarillo se vería tan parecida a una avispa que la aceptarían como una de ellas.

Ahora, representándose a sí misma como una avispa que había hecho un gran descubrimiento, la abeja comenzó a enseñarles a las avispas a hacer miel. Las avispas estaban encantadas y trabajaban bien y con dedicación bajo su dirección.

Luego hubo una pausa para descansar, y las avispas notaron que – debido al calor de la actividad – el disfraz de la abeja se le había desprendido por completo... y la reconocieron.

Al unísono se le abalanzaron y la mataron a aguijonazos por ser una intrusa y antigua enemiga; y por supuesto, toda la miel a medio hacer quedó abandonada ... pues ¿acaso no era la obra de una extranjera?

Comer y maravillarse

HABÍA UNA VEZ un Sufi que vivía solo. Fue abordado por un joven que quería la iluminación, al cual le permitió ir a vivir cerca; no dijo ni hizo nada para desanimarlo.

Finalmente, al no tener enseñanzas y poco en qué pensar, el joven dijo:

"Nunca te he visto comer, y me maravillo de cómo puedes mantener la vida sin comida."

"Desde que llegaste", dijo el Sufi, "dejé de comer frente a ti. Ahora como en secreto."

El joven, aún más intrigado, dijo:

"Pero ¿por qué habrías de hacer eso? Si querías engañarme, ¿por qué confesarlo ahora?"

"Dejé de comer", dijo el sabio, "para que te maravillaras de mí, con la esperanza de que algún día dejes de maravillarte por las irrelevancias y te conviertas en un verdadero estudiante."

El joven preguntó:

"¿Pero no podrías simplemente haberme dicho que no me maravillara de las superficialidades?"

"A todo el mundo", dijo el Sufi, "y eso te incluye a ti, ya se le ha dicho precisamente eso al menos cien veces. ¿Te imaginas que un puñado más de palabras sobre este tema habría tenido un efecto en ti?"

Sabiduría de jarro

¿HAN OÍDO HABLAR de la tragedia del jarrito?

Él escuchó a un hombre sediento pedir agua desde su lecho de enfermo, el cual estaba ubicado en la esquina de la habitación.

El jarrito sintió tal compasión por el hombre que, haciendo un esfuerzo supremo de voluntad, logró rodar hasta acercarse a unos pocos centímetros de la mano del enfermo.

Cuando el hombre abrió los ojos y vio un jarro a su lado, se sintió perplejo y aliviado. Consiguió alzar el jarrito y llevarlo a sus labios. Entonces se dio cuenta de que el jarro estaba vacío.

Con casi su último resto de fuerza el inválido arrojó el jarro contra una pared, donde al estrellarse se fragmentó en inútiles trozos de arcilla.

Ejercicios

Se cuenta que Bahaudín Naqshband habló de esta manera sobre los ejercicios:

Todos los ejercicios tienen tres fases.

En la primera, los ejercicios están prohibidos: el aspirante no está listo; los ejercicios lo dañarían. Este es el momento en que, por lo general, lo que más desea son ejercicios.

En la segunda, cuando el tiempo, el lugar y las personas son adecuados para que los ejercicios tengan efecto... los ejercicios son indicados.

En la tercera, cuando los ejercicios han tenido su efecto: ya no son necesarios.

Y ningún Maestro realiza ejercicios para su propio progreso en el camino, pues todos los Maestros han pasado la tercera etapa.

Néctar

PUEDE QUE LA ausencia de tristeza cree amargura.

Este dicho se ilustra en el cuento de la abeja.

Después de un largo invierno, encontró un macizo de flores.

Tres días después, la abeja exclamó:

"No me puedo imaginar qué le ha sucedido a este néctar... se ha vuelto tan agrio."

Absurdos

UN CIERTO SUFI envió a todos los aspirantes a discípulos a escuchar y tomar notas de las diatribas de sus detractores, quienes en su mayor parte eran eruditos de mente estrecha.

Alguien dijo:

"¿Por qué haces esto?"

Él contestó:

"Uno de los primeros ejercicios del Sufi es ver si puede percibir los absurdos, el partidismo y las distorsiones de aquellos que imaginan ser hombres de sabiduría. Si realmente no se dejan engañar por ellos, notando su naturaleza egoísta y amarga, entonces los discípulos pueden comenzar a aprender sobre la Realidad."

Cebollas

UN HOMBRE SIN olfato se durmió en una plantación de cebollas; lucía una magnífica túnica.

Cuando se levantó, la gente salió despavorida en todas direcciones.

"¡Qué solitario es el destino del esteta!", se lamentó. "Al no tener sensibilidad visual, estas personas se quedan sin gozar de algo superlativo."

Obsequios

En ocasiones, aquellos visitantes que se presentaban ante Jan Fishan Khan eran recibidos por un hombre que les decía palabras amables. Luego eran deleitados con halva. Justo antes de ser admitidos para ver al Khan, se les obsequiaba una pieza del más exquisito oro amarillo.

Cuando eran presentados al Maestro, él decía:

"Noten los obsequios que han recibido. En nuestro idioma significan: 'Si quieres dañar a una persona, halágala y dale comida y dinero'. De este modo podrás destruirla mientras se encuentra totalmente ocupada en agradecértelo."

El asno

"SÉ QUE HABRÁ trébol cuando el clima mejore", dijo el asno, "pero lo quiero ya. Todos reciben heno. ¿Cómo resolver el problema? No lo sé, estoy demasiado ocupado pensando en el trébol."

El método

Cierto buscador de la verdad se acercó a uno de los discípulos de Mohsin Ardabili y dijo:

"Al parecer, tu maestro pasa los días haciendo que la gente desista de sus ideas y creencias. ¿Cómo puede surgir algo bueno de tal comportamiento?"

El discípulo dijo:

"La joya se descubre después de que se haya eliminado la tierra que la cubre. La joya falsa se fabrica aplicando capa tras capa de sustancia impura – y que sin embargo brilla – a cualquier superficie.

"La maleza asfixia a la joven viña, pero nadie dice: 'Maten a la viña, dejen que crezca la maleza'. El malhechor intenta arrojar el manto del engaño sobre su crimen, mas nadie dice: 'Que el manto sea admirado'."

El buscador de la verdad dijo:

"¿Cómo puedo haber sido tan obtuso para que estas consideraciones no penetraran en mi mente? Pero ¿por qué no dan mayor difusión a estas cosas, para que todos puedan beneficiarse de este conocimiento elevado?"

"Se divulga todos los días mediante el comportamiento de los sabios. Figura en los libros de los santos. Se manifiesta en el cuidado de los jardines y en la fabricación de adornos. ¿Acaso los descuidados se fijan en aquellas cosas que no aumentarán su descuido?"

Nueces

UN GATO LE dijo a una ardilla:

"¡Cuán maravilloso es que tú puedas localizar con semejante certeza nueces enterradas para nutrirte durante el invierno!"

La ardilla dijo:

"Para una ardilla, lo notable sería una ardilla que fuese *incapaz* de hacer semejantes cosas."

Visitantes

SE CUENTA QUE un hombre se presentó ante Gilani y le dijo:

"¡Oh gran Sheikh! ¿Por qué no recibes a fulano, que ha leído todo lo que has escrito y discutido tus dichos con tus compañeros, y que desea por sobre todas las cosas hacer tal y tal pregunta?"

Gilani dijo:

"Si lo recibiese, sería una descortesía de mi parte. Su pregunta ya está respondida en mis escritos, pero no los ha digerido."

"Pero ¿por qué sería una descortesía? Seguramente es una cortesía aún mayor ver a alguien tan necesitado, para que así puedas encaminarlo si es que no entiende tus escritos."

"Mira por esa ventana", dijo Gilani, "allí donde alrededor de trescientas personas están esperando. Todos ellos han leído los tratados escritos; muchos de ellos provienen de tierras lejanas; muchos han enviado preguntas y esperan ser recibidos. ¿No sería una descortesía para con *ellos*?

"Si fueras un obrero que ha realizado una tarea y que, en lugar de recibir tu paga, te mantuvieran esperando mientras un hombre descuidado recibe un pago en lugar de ti. Y todo esto sabiendo que tu familia esperaba en casa a que el sostén del hogar regresara y les diera amor y la comida que había comprado mediante su propio sudor como jornalero, negándoles su compañía y protección para ganarse su paga: ¿Cómo te sentirías *tú*?"

Sediento

HABÍA UNA VEZ un rey que tenía sed. No sabía bien cuál era el problema, pero dijo:

"Tengo la garganta seca."

Los lacayos partieron raudamente en busca de algo adecuado para aliviar la condición. Regresaron con aceite lubricante. Cuando el rey lo bebió, su garganta ya no se sentía seca pero sabía que algo no estaba bien.

El aceite produjo una curiosa sensación en su boca. Dijo con voz rasposa:

"Mi lengua se siente horrible, hay un sabor extraño, está resbaladiza ..."

Su médico inmediatamente le recetó encurtidos y vinagre, los cuales el rey ingirió.

Al poco tiempo tuvo dolor de estómago y, como si esto fuera poco, comenzaron a llorarle los ojos.

"Creo que debo tener sed", murmuró, pues sus sufrimientos lo habían incitado a pensar un poco.

"La sed nunca hizo llorar a los ojos", se dijeron entre sí los cortesanos. Pero los reyes a menudo son caprichosos, y corrieron a buscar agua de rosas y vinos aromáticos y almibarados, dignos de un monarca.

El rey se lo bebió todo, pero ni siquiera así logró sentirse mejor... y encima le afectó la digestión.

Un hombre sabio, que casualmente apareció en medio de esta crisis, dijo:

"Su Majestad necesita agua común y corriente."

"Un rey nunca podría beber agua ordinaria", gritó la corte al unísono.

"Por supuesto que no", dijo el rey, "y de hecho me siento muy insultado, tanto como rey al que se le ofrece agua corriente y también como paciente. Después de todo, debe ser imposible que una enfermedad como la mía que es tan terrible y que cada día se vuelve más complicada pueda tener un remedio simple. Tal concepto es contrario a la lógica, una desgracia para su creador y un insulto a los enfermos."

Así es como el sabio pasó a ser denominado "El idiota".

El reino

UNO DE LOS maestros Sufis le dijo a su compañero:

"Necesito dinero para salvar al rey, pues debe pagarle a sus tropas."

"Pero", dijo el compañero, "¿por qué no consigue el dinero él mismo?"

"La gente no debe enterarse de que la población no paga los impuestos, pues de lo contrario podría ocurrir que un monarca peor venciera al rey."

Emprendieron un viaje para buscar el dinero. En la primera casa a la que llamaron, el jefe de la familia dijo:

"Toma todo lo que tengo, pues sé que eres sabio y bueno."

Mas el sabio se negó a tomar el dinero. Su compañero le preguntó por qué, y el maestro respondió:

"¿Debería, para salvar a un rey, estropear a un súbdito que seguramente – después de pagar – haría lo que quisiera, creyendo que ha *comprado* el perdón?"

"Entonces, ¿por qué llamamos a esa casa?"

"Para ver si la vida interior de este hombre había progresado, si todavía era una persona que puede dar sin comprar ..."

En la segunda casa, el maestro tomó la mitad del dinero que le ofrecieron. Una vez más, su compañero le preguntó por qué no aceptó todo o por qué no lo rechazó por completo.

"Porque quedará impresionado de que no hayamos tomado todo el dinero y escuchará al siguiente derviche – el cual resulta ser uno verdadero – que pronto pasará por aquí."

"Y si hubiéramos rechazado *todo* el dinero, ¿no habría quedado aún más impresionado?"

"No este hombre en particular, pues se habría preguntado por qué no estábamos ocupándonos de nuestra misión de recaudar fondos para el rey."

"¿Qué habrías hecho si hubieras sabido que el próximo derviche que llamaría aquí sería uno falso?"

"Habría puesto a ese hombre en contra nuestra, para protegerlo de su confianza en los derviches por un tiempo."

Después de varias semanas de este viaje, habían recaudado la cantidad de dinero necesaria. Ahora el compañero dijo:

"Me he estado preguntando por qué es que tú, un derviche sagrado, no usaste poderes ocultos para obtener el dinero que se necesitaba tan urgentemente."

El maestro dijo:

"Una de las razones es que *tú* necesitabas las lecciones de este viaje."

"Pero", dijo el compañero, "si todavía te estoy haciendo preguntas superficiales, ¿cómo pude haberme beneficiado de las experiencias?"

"Esta era la pregunta que era necesario que hicieras", dijo el derviche, "para que pudieras tener la respuesta: 'Una vez que pones un pie aquí sobre esta tierra, estás obligado a usar métodos imperfectos... los métodos de la tierra.' Para usar poderes especiales uno debe estar involucrado en algo de mayor importancia que obtener el sueldo de un ejército; aunque, como en este caso, sea para preservar la estabilidad de un reino."

Vanidad

Cierta vez un sabio Sufi pidió a sus discípulos que le dijesen cuáles habían sido sus vanidades antes de comenzar a estudiar con él.

El primero dijo:

"Yo imaginaba que era el hombre más apuesto del mundo."

El segundo dijo:

"Yo creía que, dada mi condición de religioso, era uno de los elegidos."

El tercero dijo:

"Yo me creía capaz de enseñar."

Y el cuarto dijo:

"Mi vanidad era mayor que todas esas, pues creí que podía aprender."

El sabio remarcó:

"La vanidad del cuarto discípulo sigue siendo la mayor: pues su vanidad es la de mostrar que una vez tuvo la máxima vanidad."

Indigencia

UN MONO LE dijo una vez a un hombre:

"¿No te das cuenta cuán indigente soy? No tengo casa, ni ropa, ni buena comida como tú, ni ahorros, muebles, tierras, adornos... nada en absoluto. Tú, por el contrario, tienes todas estas cosas y más. Encima, eres rico."

El hombre se sintió avergonzado. Le cedió todo lo que tenía al mono, haciéndose mendigo.

Cuando el mono hubo tomado posesión legal de todos los bienes, el hombre le dijo:

"Y ahora, ¿qué vas a hacer con todo esto?"

El mono dijo:

"¿Por qué debería hablar con un tonto indigente como tú?"

Donde se inicia

CIERTO MAESTRO SUFI y uno de sus discípulos recorrían a pie un camino de campo. El discípulo dijo:

"Sé que el mejor día de mi vida fue aquel en que decidí buscarte y cuando descubrí que, a través de tu Presencia, me encontraría a mí mismo."

El Sufi dijo:

"La decisión, ya sea de apoyo u oposición, es algo que no conoces hasta que lo conoces. No lo conoces por el hecho de pensar que lo conoces."

El discípulo dijo:

"El significado de tus palabras me resulta oscuro y tu declaración es confusa para mí, y tu intención me está velada."

El maestro dijo:

"Dentro de unos instantes verás algo acerca del valor de la decisión, y quién es aquel que toma las decisiones."

Rápidamente llegaron a una pradera donde un granjero jugaba con un perro, arrojándole un palo. El Sufi dijo:

"Contaré hasta cinco, y ese hombre le lanzará tres palos al perro."

En efecto, cuando el Sufi hubo así contado, el campesino agarró tres palos y los arrojó al perro, a pesar de que estaban lo suficientemente lejos para no ser escuchados ni ser vistos por el campesino.

Entonces el Sufi dijo:

"Contaré hasta tres, y el hombre se sentará."

Apenas el Sufi hubo contado hasta tres, el campesino se sentó en el suelo repentinamente.

Ahora el discípulo, lleno de asombro, dijo:

"¿Podría ser inducido a que alce los brazos?" El Sufi asintió con la cabeza y, mientras lo miraban, el campesino alzó sus dos manos hacia el cielo.

El discípulo se mostró maravillado, pero el Sufi dijo:

"Acerquémonos para hablar con él."

Después de saludar al trabajador, el Sufi le dijo:

"¿Por qué hiciste que el perro buscara tres palos en vez de uno?"

El granjero contestó:

"Decidí hacerlo como una prueba, para ver si él podía perseguir más de un palo."

"¿Entonces fue una decisión tuya?"

"Sí", dijo el hombre, "nadie me dijo que lo hiciera."

"¿Y por qué te sentaste tan repentinamente?", prosiguió el Sufi.

"Porque se me ocurrió descansar."

"¿Alguien te lo sugirió?"

"No había nadie aquí que pudiese sugerírmelo."

"Y cuando levantaste tus brazos al cielo, ¿por qué lo hiciste?"

"Porque decidí que seguir sentado en el suelo era de perezoso, y sentí que levantando los brazos hacia los cielos indicaría que debía trabajar en lugar de descansar, y que la inspiración de sobreponerme a la pereza me llegaba desde las alturas."

"¿También esa fue una decisión tuya y de nadie más?"

"Así es, ya que no había nadie que pudiese tomar la decisión por mí; y en todo caso, tal acto procedió de mi acción anterior."

El Sufi se volvió hacia el discípulo y dijo:

"Justo antes de esta experiencia tú me decías que te alegrabas de haber tomado ciertas decisiones, tal como aquella de buscarme."

El discípulo estaba completamente en silencio, pero el granjero dijo:

"Yo los conozco a ustedes los derviches: estás intentando impresionar con tus poderes a este desdichado muchacho, pero seguramente eso sea una forma de superchería."

Estadística

UN POBRE LE dijo a un rico:

“Gasto todo mi dinero en comida.”

“Ese es tu error”, dijo el rico. “Yo solamente gasto el cinco por ciento de *mi* dinero en comida.”

Noche y mañana

Khwaja Tilism fue un maestro Sufi que solamente comunicaba su espiritualidad a los derviches de su centro mediante el "contacto de pensamiento", que a veces se denomina la acción de corazón a corazón.

En los estudios, no se decía palabra alguna ni se hacía ningún movimiento.

Un día, un grupo de aspirantes a discípulos llegó a la corte, ansiosos por participar en las ceremonias, las prácticas y los ejercicios que según suponían sería la base de las actividades en este lugar denominado Taslim-Khana, la Casa de Resignación.

Después de haber sido recibidos por uno de los delegados del Khwaja y conversado con él, fueron conducidos al Salón del Conocimiento donde elaborados, solemnes y complicados ejercicios y una música inusual ocuparon su atención durante muchas horas.

Al día siguiente todos fueron convocados ante el maestro. Él les preguntó si se sentían mejor de ánimo por sus experiencias de la noche anterior.

Sentados en el centro del salón, uno por uno los visitantes declararon que esta había sido una de las experiencias más sublimes de sus vidas. Los derviches residentes se pararon contra las paredes, observando en silencio. También se hallaban presentes otros invitados. Cuando los visitantes hubieron completado sus reportes, finalizando con súplicas de que se los aceptase como derviches, el Khwaja habló.

Primero agradeció a sus invitados por sus alabanzas y deseos por su salud y la continua prosperidad de la Casa.

Entonces dijo:

"Esta mañana tenemos tres tipos de personas entre nosotros. Primero están los 'discernidores minuciosos', los derviches que saben lo que ha sucedido y no necesitan información al respecto. En segundo lugar están los recién llegados, quienes puede que aprendan, por proximidad, lo que ha sucedido. En tercero están nuestros invitados de anoche. Es a ustedes a quienes me dirijo en la lengua del hombre, pues no escucharán el 'discurso de los ángeles'. Ustedes han degustado la hospitalidad, el ceremonial y el compañerismo. Aquí no han degustado la espiritualidad, más allá de lo que puedan creer acerca de este asunto.

"Brindamos el entretenimiento y la hospitalidad para que aquellos que deseen entretenerse no se decepcionen; tal como debería ser el comportamiento de los buenos anfitriones. También proporcionamos, como es el trabajo de aquellos que saben, la Comunicación Directa. Esto era, y siempre permanece, accesible. Pero es y fue accesible de esta manera:

"No para aquellos que están ocupados en 'probar el mundo' en nombre de prácticas piadosas. Su sabor interno es inútil. No para aquellos que simplemente pueden desdeñar las prácticas e imaginar que el desdén en sí mismo los hace mejor. La burla destruye la capacidad interna de la degustación. Solo para aquellos que realmente prueban el vino sin masticar el vaso. Solo para aquellos entre ustedes que realmente hablan el idioma del vino y no del vaso.

"Hemos tenido un período de ruido en el que los labios y la lengua, la voz externa, me han hablado de sus experiencias externas: el placer de los ejercicios y ceremoniales, e incluso el dolor de sus búsquedas.

"Ahora tendremos un espacio de silencio en el que la voz interior de aquellos en quienes ella está viva hablará a nuestra interioridad sobre las experiencias que hemos ofrecido además de la música, la comida, las repeticiones y los ejercicios.

"Aquellos que pregunten con la voz interna serán escuchados por el oído interno. Hablen ahora en ese idioma."

El hombre y el animal

El ratón dijo:

"Quiero encontrar migas."

El perro dijo:

"He venido a encontrar cortezas."

El simplón dijo:

"¡Tontos! Lo que necesitan es pan."

El sabio dijo:

"Pero podrías permitirles tener otras clases de alimentos..."

El simplón se molestó. Dijo:

"El denominador común de sus deseos es pan, no alimento. Te estás complicando mucho."

Obvio

SIMAB, EN SU juventud, le dijo a un derviche con el que se había topado a la vera del camino:

"Quisiera poder hacer al menos una cosa por la cual los hombres me contasen entre los santos."

El derviche levantó la cabeza, que había estado reposando sobre su rodilla, e instantáneamente respondió:

"Esa es la cosa más fácil del mundo."

Simab rogó al derviche que le contara el secreto.

El derviche dijo:

"Miles de Sufis han sido asesinados por buenas personas por decir cosas que a ellas no les agradaron. Todo lo que tienes que hacer es pronunciar un comentario incomprensible. Entonces estarás haciendo al menos una cosa que unirá tu nombre al del santo más grande, Hallaj. ¿Quién querría más que eso?

"Si el comportamiento externo y las creencias de los humanos hicieran santos, no habría tierra... solo un cielo repleto de santos obvios."

Prisionero

UN HOMBRE FUE enviado a prisión perpetua por algo que no había hecho.

Luego de haberse comportado de manera ejemplar durante algunos meses, sus carceleros comenzaron a considerarlo como un prisionero modelo.

Se le permitió hacer su celda un poco más cómoda; y su esposa le envió una alfombra de oración que ella misma había tejido.

Transcurridos varios meses, este hombre dijo a sus guardias:

"Soy un trabajador metalúrgico, y ustedes están mal retribuidos. Si pueden conseguirme un par de herramientas y algunos trozos de hojalata, confeccionaré pequeños objetos decorativos que podrán llevar al mercado y vender. Podríamos dividir las ganancias para beneficio de ambas partes."

Los guardias estuvieron de acuerdo, y al poco tiempo el herrero estaba produciendo objetos finamente forjados cuya venta contribuía al bienestar de todos.

Entonces, un día, cuando los carceleros fueron a la celda, el hombre se había escapado. Llegaron a la conclusión de que debía haber sido un mago.

Cuando después de muchos años se descubrió lo erróneo de la sentencia y el hombre – que ya no tenía que esconderse – fue indultado, el rey de ese país lo llamó y le preguntó cómo había escapado.

El hojalatero dijo:

"El escape real solo es posible con la correcta convergencia de factores. Mi esposa encontró al cerrajero que había fabricado la cerradura de la puerta de mi celda, y también otras cerraduras en la prisión. Ella bordó los diseños interiores de las cerraduras en la alfombra que me envió, y lo hizo justo en el lugar donde la cabeza se postra durante el rezo. Ella confió en que yo registraría este diseño y que me daría cuenta de que se trataba del diseño de las cerraduras. Me resultaba necesario obtener materiales con los cuales hacer las llaves y martillar y trabajar en mi celda. Tuve que emplear la codicia y la necesidad de los guardias para que no hubiera sospechas. Esa es la historia de mi fuga."

Características

Se le preguntó a uno de los grandes Sufis:

"¿De dónde viene esta enseñanza? ¿De quiénes son los pensamientos que nos estás dando? ¿Cómo se llama tu maestro?"

Él respondió:

"Si digo que es por inspiración, seré un hereje. Si digo que son míos, algunos me adorarán y no les prestarán atención, otros los criticarán y no me prestarán atención. Si nombro a mi maestro, todos se volverán hacia él e ignorarán el estudio real."

Alguien dijo:

"Sin embargo (y pido perdón por decir esto) has nombrado a los grandes entre los antiguos como fuentes de la Enseñanza. ¿No corremos el peligro, debido a esto, de focalizarnos en ellos y no en lo que enseñaron?"

Respondió:

"Si después de que les hayan dicho cientos de veces que todos los maestros son uno y que todos los nombres se refieren a características aún se fijan en la personalidad, entonces sí corren dicho peligro."

El hombre preguntó:

"Entonces, ¿qué debo hacer?"

El Sufi le dijo:

"Deja de imaginar que solo porque eres capaz de hacer una pregunta puedes percibir la respuesta sin ninguna de las cualidades necesarias para que funcione tal percepción."

Teórico

ÉRASE UNA VEZ un hombre que vivía en cierto pueblo y que gozaba de una gran reputación debido a su sabiduría.

Le contaba a la gente sobre la vida y la muerte, los planetas y la tierra, acerca de la historia y sobre todo tipo de cosas desconocidas.

Un día cedió una represa y la gente acudió presurosa para que les dijera cómo resolver el problema.

El sabio adoptó una postura firme y erguida.

"Creo que deberían evitar hacerle preguntas tan pueriles a un hombre del intelecto. No soy ingeniero hidráulico... soy un teórico."

Catarsis

JAN FISHAN KHAN escuchó que cierto erudito de mente estrecha estaba atacando amargamente la cultura, la naturaleza y las ideas de uno de sus vecinos.

Invitó a ambos a un banquete, y de antemano le dijo al vecino: "No importa lo que diga esta noche, asegúrate de no reaccionar a ello en absoluto."

Después de la comida, como es habitual, el anfitrión comenzó a hablar pomposamente.

Dirigiéndose a los presentes, comenzó a reprender al mismísimo hombre al cual se oponía el erudito. Durante casi una hora habló ininterrumpidamente de sus supuestas iniquidades y se extendió, con una locuacidad bastante inusual y rebosante de vituperios devastadores, sobre las vilezas y los horrores del vecino devenido en víctima.

Nadie, incluido el vecino, movió ni un músculo durante esa diatriba.

Al final del arrebato, el erudito se levantó y exclamó:

"En el Nombre de Dios, ¡terminemos con esto! Acabo de ver mi propio comportamiento reflejado en el tuyo y no puedo soportarlo. ¡La paciencia de este hombre me ha destruido!"

Jan Fishan Khan dijo:

"Reuniéndonos aquí esta noche, todos hemos aceptado un riesgo. Tú, a que nuestro amigo aquí pudiese atacarte; yo, a que mi vituperación te hubiese enardecido aún más en lugar de avergonzarte; y él, a comenzar a creer que yo realmente estaba en su contra. Ahora hemos resuelto el problema. Mas el riesgo permanece: puede que el relato de este intercambio, al ser pasado de boca en boca por aquellos que no saben lo que estábamos haciendo, muestre a nuestro amigo como débil, a ti como alguien fácilmente influenciable y a mí como uno que se encoleriza fácilmente."

Fantasía

El profesor dijo:

"Caballeros. Entre los lados más gratificantes de la psicoantropología está el análisis de los mitos y las leyendas de pueblos primitivos. Tal estudio arroja una esclarecedora luz sobre las incapacidades del hombre subdesarrollado, así como también sobre su mecanismo de compensación: cómo inventa maravillas, sustitutos mágicos de los logros que nunca ha experimentado.

"Como ejemplo consideren la antigua leyenda, encontrada en muchas comunidades diferentes, de la 'cámara'. Se suponía que este instrumento podía capturar, en forma 'congelada', eventos que eran visibles para el espectador y reproducirlos – o un símil de ellos – a voluntad. No necesito decir que toda la concepción de semejante aparato surge únicamente del deseo muy humano de preservar momentos de emoción y placer.

"Luego está la fábula sobre la producción de una energía de un tipo especial, en algunos idiomas llamada 'electricidad'. Esto tiene propiedades cumplidoras-de-deseos realmente maravillosas. Pues al conectar diferentes tipos de aparatos a un suministro de 'electricidad', se decía que el hombre tenía la capacidad de provocar calor o frío, de matar o estimular, de transmitir la voz humana a distancias incalculables.

"Lamento decir que incluso hoy en día todavía hay personas confundidas que imaginan que estas leyendas contienen lo que les gusta llamar 'un germen de verdad'. Algunos de ellos han llegado al extremo de postular razones por las cuales es probable que sean ciertas. Pero las explicaciones son siempre demasiado bizarras. Los fantasiosos tienen que inventar un mito o al menos injertar un mito en otro. Un ejemplo es la respuesta de los excéntricos a la pregunta: '¿Por qué ahora no hay cámaras o dispositivos eléctricos?' De todas las racionalizaciones sorprendentes, la respuesta es: 'Porque en un momento dado todo el metal del mundo estaba atomizado, de modo que no podemos fabricarlos ahora'. Noten que para sostener la fantasía ha sido necesario inventar una sustancia maravillosa, conocida en las leyendas de algunas tribus como 'metal'."

Amabilidad

Un maestro le dio una carta a su discípulo, indicándole que la abriese después de su muerte y se la mostrara a su sucesor.

La carta decía:

"He sido poco amable con este discípulo."

Cuando escuchó el contenido, el discípulo se sintió abrumado y dijo:

"Fue tan generoso que vio su gran amabilidad conmigo como crueldad, al compararla con la mayor bondad posible."

Un año más tarde, el sucesor volvió a llamar al discípulo y le pidió que hiciera un comentario adicional sobre la carta.

"Ahora entiendo", dijo el discípulo, "que la palabra 'cruel' era bastante correcta. Los humanos ordinarios muestran cordialidad cuando no tienen nada de mayor valor para ofrecer. ¿Qué necesidad podría tener uno de la amabilidad o crueldad de un Dispensador de Tesoros? Si el esclavo del sultán está regalando oro, ¿qué importa si mientras tanto sonríe o frunce el ceño?

"Puede que el humano bien intencionado regale dulces: el médico brinda medicina curativa, más allá de que la gente crea que el remedio es amargo o dulce."

Mal juzgado

Había una vez un sabio que tenía un número considerable de seguidores... y también muchos enemigos.

Los enemigos decidieron matarlo, y descu-brieron que permitía que la gente entrara a su casa y deambulara por ella. Envenenaron muchas manzanas y las dejaron en varias habitaciones.

Esto sucedió repetidas veces; y después de algunos meses, los envenenadores se sorprendieron al descubrir que el sabio todavía estaba sano y salvo.

Algunos de ellos llegaron a la conclusión de que era un santo de percepciones tan sutiles y completas, que había podido ser capaz de evitar las manzanas; o incluso de comer el veneno sin sufrir ningún efecto negativo.

Fueron a verlo y, arrojándose al suelo, dijeron:

"Nos damos cuenta de que efectivamente debes ser un santo y deseamos convertirnos en tus discípulos."

"Sus razones para suponer que soy un santo no me impresionan, y si están realmente interesados tengo que decirles que me salvé de su complot porque no suelo comer la fruta que encuentro tirada por la casa", dijo el sabio.

Rascarse

Había una vez un hombre que se rascaba.

Su rascado se hizo tan constante que la gente le preguntaba por qué lo hacía. Todo lo que podía decir era "no sé".

Convocaron a los médicos, y ninguno pudo descubrir por qué se rascaba.

Después de muchos años, un hombre sabio visitó la ciudad del rascador. La gente llevó al paciente a la plaza principal para mostrárselo al sabio.

Hubo una larga pausa. Entonces el sabio habló:

"Este individuo se está rascando. Me han pedido que les diga el motivo. He aplicado mi intelecto al problema y puedo darles la respuesta. El hombre se rasca porque le pica."

La historia de Avenolandia

Había una vez un hombre que adoptó la avena como lo más importante de la vida. Sus numerosos seguidores no cuestionan la razón que lo llevó a tomar esta decisión, ya que consideran que esta sabiduría es evidente. Por supuesto que los críticos, quienes seguramente tendrán sus prejuicios, han discutido si fue porque su nombre era Avena o si simplemente se obsesionó con alguna forma de autoadulación, basado en su sentido de lo apropiado de las cosas.

Ciertamente le gustaba la avena, si hemos de creer en las crónicas antiguas. Para él era hermosa, sabrosa, nutritiva y versátil. Rápidamente convenció a muchas personas de estas y otras ventajas. Por supuesto que él se destacaba por su idealismo, lógica, dedicación a la causa y vida ejemplar.

Incluso la papilla de avena, como pudo demostrar fácilmente, dio lugar a aplicaciones prácticas y también teóricas; asimismo inspiró inventos y sirvió como musa poética. Él y sus primeros socios cultivaron avena, inhalaron su polvo y la aplicaron de varias maneras sobre la piel. Pronto se descubrió que la avena era útil para hacer cosas tan diversas como pegamento, ladrillos, modelado, fabricación de papel, alimentación de ratas y para propósitos de ritual religioso. Horneada, triturada y coloreada, tratada de mil maneras diferentes, generaciones de incansables y heroicos experimentadores encontraron en la sustancia un medio para la liberación del hombre y el enriquecimiento de su vida.

La diversidad misma de las aplicaciones aveneras estimuló a las personas hacia logros aún mayores. ¿Quién podría dudar del valor, y luego inevitablemente de la indispensabilidad, de tal descubrimiento? Podría considerarse que toda civilización está basada en la avena. Las analogías, el simbolismo y otras relaciones más refinadas de la avena también jugaron un papel integral en la cultura humana.

Incluso antes de que ocurrieran muchos de estos desarrollos, el nacimiento de Avenolandia era una conclusión inevitable. Debido a este florecimiento único del genio avenero, al principio se la llamó "La tierra de la avena". Cuando, lógicamente, la palabra "avena" llegó a denotar la perfección, el país aceptó el título de "La avena de las tierras".

El avenismo se convirtió en un sistema valorado y autoperpetuante, porque sus resultados fueron probados por sus supuestos y sus supuestos fueron probados por sus resultados.

Avenolandia tenía una forma de educación característica. Naturalmente, era la única forma. ¿Quién habría construido escuelas si no hubiera sido necesario transmitir la avenidad? ¿Cómo podría haberse desarrollado la civilización sin avena y sin instituciones que enseñaran avenísticamente para que las generaciones venideras pudieran beneficiarse de la herencia del avenismo, por el que tantos habían sufrido y para apuntalar aquello por lo que muchos habían trabajado durante tanto tiempo?

Si no se hubieran establecido escuelas, el hombre ciertamente habría permanecido hundido en la ignorancia y la depravación. El desarrollo de cualquier otra alternativa era inconcebible. ¿Qué alternativa podría haber habido, ya que todos sabemos que el hombre necesita avena, vive avena, piensa avena? ¿Acaso la avena no es su posesión más preciada y la garantía de su soberanía de pensamiento? ¿Acaso el estómago del hombre no rechaza cualquier otra intrusión?

Potenciales disidentes del avenismo han sugerido que el humano podría, de hecho, digerir otros alimentos además de la avena. El "razonamiento" detrás de esta especulación es notablemente ingenioso. Sostiene que el hombre solamente puede digerir avena porque la ha estado comiendo durante tanto tiempo, que esto se ha convertido en una "limitación". La peligrosa naturaleza del corolario a esta absurdidad es que el hombre podría tratar de destetarse de la avena o al menos intentar comer, poco a poco, otras cosas además de avena. Sin embargo, es evidente que solo los crédulos y desequilibrados esoteristas estarían interesados en tal intento. También existe el riesgo de que la inanición resultante provoque una muerte prematura. (Errores y herejías, vol. 99, publicado por el Consejo de Defensa de Avenolandia. Véase "DIGESTIÓN".)

Es cierto que esporádicos alborotadores y atrevidos les preguntaban a los avenolenses: "¿Por qué no comer fruta?"

Pero pronto se les respondía con una lógica afilada: "La fruta es repugnante para cualquier avenolense nacido libre."

También se escuchaba a los imbéciles preguntar: "¿Por qué no construir con ladrillos de arcilla?" Cuando obtuvieron alguna respuesta (que era más de lo que merecían), fueron prontamente puestos en su lugar.

"La arcilla es para topos. Además, si la arcilla hubiera tenido alguna utilidad, nuestro glorioso fundador Avena I habría ordenado y guiado su empleo."

Cuando otros aventureros decían: "El metal se puede usar para hacer herramientas", se les contestaba: "Una herramienta de papilla de avena es una herramienta verdadera. Una papilla de metal sería un metal verdadero."

Pero la capacidad avenística no se limitaba a defender la papilla de avena o a investigar incansablemente sus valores y usos. La filosofía podía desafiar a todos los interesados con una dialéctica incontestable:

"Si alguna de estas delirantes ideas ajenas al avenismo fuera capaz de ser útil en la vida, podría explicarse en avenolés, el más rico y sublime medio de comunicación ideado por el hombre."

En una ocasión, un teórico avenista dijo:

"Ustedes los no-avenistas son apenas una turba de místicos, esoteristas, magos, ocultistas, chamanes, locos, solteronas frustradas, idiotas crédulos, obsesos y aquellos que no tienen cura."

"No, no somos eso", dijeron los no-avenistas. Pero la realidad es que la abrumadora mayoría lo era.

E irónicamente lo eran debido a la influencia de los avenistas.

Los verdaderos no-avenistas, a diferencia de los sensacionalistas, se vieron obligados a organizarse de un modo hermético y discreto para protegerse de los avenistas más salvajes y de los insatisfechos de Avenolandia, quienes bulliciosamente clamaban por ser admitidos y reclamaban el nombre de no-avenismo.

Los avenolenses solo tenían que señalar a esta chusma – que ni siquiera podía cultivar avena – para demostrar que prácticamente todos los no-avenolenses estaban trastornados.

Mientras tanto, por supuesto, el avenismo seguía produciendo una cultura rica y promisoria. Es posible deducir, a partir de breves citas originadas en su añeja sabiduría, la dimensión de su alcance y valor inspirador.

Cuando los hechos eran concisos – o el tiempo limitado –, la inspiración sucedía mediante gritos de concentración tan estimulantes como:

"Noventa millones de avenolenses no pueden estar equivocados."

Nadie podría acusar a los avenolenses de estrechez mental. Las ideas genuinamente novedosas suscitaban un interés intenso. Uno de los filósofos aveneros demostró la continua fecundidad de la raza al decir: "¡Soy un papillero de avena, luego existo!"

También estuvo el tirano de turno que dijo: "¿Puré de avena? ¡Yo soy el puré de avena!"; pero tarde o temprano esas personas murieron, dejando incontestada la belleza y validez de dicho asunto.

"Avenolandia por siempre" es una de las melodías tradicionales más conmovedoras. Sus palabras iniciales son:

"Avena grácil, avena santa, avena amorosa, avena generosa... ¡Avena! ¡Avena! ¡Avena!"

Ocasionalmente también hubo revoluciones en el pensamiento cuando los viejos sentimentalismos fueron severamente criticados. Uno de ellos sucedió cuando los escritores modernistas exploraron las posibilidades de nuevas formas de expresar su ser interior. Las primeras estrofas de un ejemplo típico de la Nueva Poesía muestran cómo se había mantenido la vitalidad del espíritu humano:

Avena,
Aenva,
Avane,
Evana,
Navea,
Vaena,
Enava,
Neava,
Vanea,
Anave,
Eneav,
Nevea,
Aneva.

La sensación de autorrenovación, engendrada mediante el deshacerse de esta manera de los grilletes del tradicionalismo escondido, seguramente debe ser única.

El avenolandismo, sin duda, empleó argumentos derivados de la sofistería y de la selección de sus documentos básicos para respaldar sus creencias. Si alguien más citaba otros documentos, se los caracterizaba correctamente como "regresivos" y "poco confiables". Se aceptaban nuevas interpretaciones de los Documentos de Avenolandia siempre que los métodos utilizados fuesen aveníferos.

Se comenta que antes de que los disidentes fuesen silenciados a risotadas, algunos supuestamente habían dicho: "No abandonen la avena, pero agreguen otras cosas a sus vidas. Ustedes pueden hacerlo." La reacción fue considerarlos como inconformistas o mentirosos que trataban de perturbar a las personas.

Aunque la sociedad se estaba desarrollando continuamente, algunas personas siempre tenían una cierta admiración por las viejas formas. Se solían dejar flores en la estatua de Avena I y la del mártir avenista que dijo: "¡Toma mi cuerpo y mi alma: nunca obtendrás mi avena!"

En este modelo de sociedad abierta a donde se permitía la libre expresión de todas las formas de opinión, los conservadores decían:

"Si hubiera alguna alternativa a la avena, la gente no la habría usado durante 50.000 años, ¿verdad?"

Los progresistas, que no estaban de acuerdo, decían:

"Hay una alternativa simple, aunque diferente: ¡es la papilla de avena!"

Los liberales esperaban lograr un consenso basado en los pasteles de avena horneados como una forma de vida.

Estos son algunos de los dichos, preservados por esta elevada cultura, que resultan ser sus dignísimos vástagos:

"Si tu avena está tibia, úsala como yeso. Si no, ¡caliéntala!"

"La avena rima con cadena. Pero en todo lo demás son completamente diferentes."

"Todo lo que es pegajoso no es avena."

"Una papilla de avena al día y el maíz sobraría."

¿Qué pasó finalmente con los avenolenses... si es que les sucedió algo?

Lamento decir que no lo sé.

Algunas personas dicen que se extinguieron. Pero es más que probable que tal calumnia haya surgido en la mente de sus detractores envidiosos...

Zaky y la paloma

HABÍA UNA VEZ un hombre llamado Zaky. Debido a sus capacidades y su futuro promisorio, cierto maestro – el Khaja – decidió ayudarlo. Este Khaja le asignó una sutil criatura dotada de poderes especiales para que se ocupara de Zaky y lo ayudase siempre que pudiera.

A medida que pasaron los años, Zaky descubrió que sus asuntos materiales y de otro tipo prosperaban. No se imaginaba que las ventajas que estaba recibiendo se debían completamente a sí mismo, y comenzó a notar ciertas coincidencias entre los hechos.

Él se dio cuenta de que, siempre que sucedería algo bueno, se podía ver una pequeña paloma blanca en su cercanía.

El hecho era que el sutil asistente, a pesar de sus poderes, necesitaba estar a cierta distancia de Zaky para realizar su tarea. A pesar de sus notables habilidades, tuvo que adoptar una forma física en su transición a la dimensión actual; la de paloma había sido la más adecuada.

Pero Zaky solamente vinculó a las palomas con la suerte y a la suerte con las palomas.

Entonces comenzó a criar palomas, a dejar comida para cualquier paloma que veía y a tener palomas bordadas en sus ropas.

Se interesó tanto en las palomas, que todo el mundo comenzó a considerarlo como una autoridad en el tema. Pero sus asuntos materiales y otros dejaron de prosperar, porque su concentración se había desviado de la intención a la manifestación; y el sutil asistente con forma de paloma tuvo que retirarse para evitar ser un factor en el debilitamiento de Zaky.

Césped

Una vez, un hombre se acercó a un grupo de granjeros en un campo y les dijo:

"Hermanos, ¿han visto pasar a un buen hombre por aquí? Estoy buscando a mi maestro; hace poco pasó por aquí."

Los granjeros dijeron:

"Sí, dicho hombre de semblante impresionante mas de modales sencillos ha estado aquí. Mira, la hierba aplastada revela la huella de su pie."

El Buscador se inclinó reverentemente y tomó una brizna de césped y la sostuvo con admiración en su mano.

Los granjeros se rieron y uno dijo:

"Mira, él cree estar buscando la directiva de su maestro, pero realmente venera un pedazo de hierba."

Este hombre estaba tan molesto, su vanidad tan dolida, que imaginó que los granjeros pretendían ser descorteses con esta reprimenda bien intencionada y relevante.

Por lo tanto, en vez de aprender de la ocasión, dijo:

"Ninguno de los aquí presentes es tan distinguido como esta brizna de hierba, pues ha tocado los pies del maestro."

Aquello que lo había lastimado era la insinuación de que él mismo era un tonto, no la sugerencia de que su maestro era menos importante de lo que él creía; pues en las palabras de los agricultores no hubo ni tal declaración o intención.

Y los granjeros ahora se sintieron menospreciados por la acusación de que eran "menos que hierba". Su benevolencia original para con el buscador se evaporó, y comenzó una discusión.

Es debido a tales tendencias que los buscadores se llaman Buscadores… y no Encontradores.

Perspectivas

RAMIDA ACEPTÓ HABLAR durante una misma tarde con dieciséis derviches que estaban de visita.

Uno de sus vecinos dijo:

"¡Te considero un santo! Brindas abundantemente tu amabilidad ilimitada, a pesar de que tienes otros asuntos urgentes que atender."

Ramida dijo:

"Los derviches, al insistir en que los reciba según su conveniencia, han obtenido satisfacción mas ninguna ventaja. Mis asuntos se han retrasado medio día. Sus perspectivas han sido pospuestas, tal vez, por años. Si me hubiera negado a verlos, no les habría ido peor en el área de la Realidad."

El espejo, la copa y el orfebre

Cierto orfebre trabajó durante muchos años para perfeccionar un espejo mágico y una copa. Las principales propiedades de estos artículos eran: el espejo mostraba cuál de los amigos propios tenía algún problema, y la copa permitía al usuario disolver los problemas al dejar caer una piedra en ella; también podía enriquecer a uno.

Sin embargo, el orfebre fue incapaz de usar el espejo mágico y la copa porque solo podían ser operados por un cierto tipo de hombre. Deseoso de poner sus descubrimientos a disposición de quien pudiere utilizarlos, el orfebre viajó por todas partes buscando un beneficiario para los tesoros mágicos.

Finalmente encontró a un grabador en Bujara con las características necesarias. A él le dio los objetos, diciendo:

"Haz un buen uso de estos. Algún día volveré para ver si te han traído fortuna."

La primera vez que el grabador miró en el espejo, vio al orfebre atrapado por un remolino en el río y a punto de ahogarse. Arrojó un guijarro dentro de la copa mágica, y pronto vio que el orfebre estaba a salvo.

La segunda vez que miró en el espejo vio que el orfebre estaba rodeado de temibles enemigos ocultos. Mediante el uso de la copa, el grabador pudo dispersarlos.

La tercera vez que miró en el espejo vio que todos los amigos, asociados y familiares del orfebre atravesaban una gran variedad de dificultades. Nuevamente, mediante el uso de la copa, el grabador pudo rescatarlos.

Cuando volvió a mirar en el espejo, el grabador vio que él mismo estaba amenazado por dificultades. Entonces arrojó un guijarro en la copa y sus problemas se esfumaron.

Cuando el orfebre regresó muchos meses después, descubrió que su espejo y su copa acumulaban polvo sobre la mesa de trabajo del grabador, y este todavía estaba dedicado a su fina artesanía que le estaba arruinando la vista.

Se encolerizó.

"Me ha costado muchísimo trabajo hacer estos objetos mágicos. Luego tuve que encontrar un destinatario adecuado para ellos y aun así los descuidas y dejas tirados como si no valiesen nada", dijo enfurecido. "¡Ni siquiera los usas para socorrer a tus amigos! ¿Por qué no te has hecho rico?"

El grabador no dijo nada; pues ¿cómo se podría razonar con un hombre que, más allá de que tuviera habilidades extraordinarias, llegó a tales conclusiones sin pensar o sin la debida investigación?

Agarró la copa mágica y el guijarro que yacía a su lado.

Para entonces, el orfebre se había enfurecido tanto que agitaba los brazos amenazadoramente e insultaba al grabador en todas las formas posibles.

Manipulando torpemente los objetos debido a su dañada vista, el grabador permitió que el guijarro cayera en la copa.

El Guardián de la Copa, al ver al orfebre en una postura amenazadora, lo hizo desaparecer... y desde entonces no se lo ha vuelto a ver.

La cebolla

HUBO UN TIEMPO y un país en el que las cebollas eran raras, casi desconocidas.

Alguien dejó una cebolla grande en la plaza pública de la ciudad principal de esa tierra.

Los ciudadanos, o muchos de ellos, estaban interesados en este curioso objeto. Podían ver que era una clase de vegetal.

La primera persona en aventurarse cerca de ella tosió por casualidad mientras se aproximaba. Inmediatamente se fue a enseñar que "las cebollas causan tos".

La segunda descubrió que tenía un fuerte olor. Aunque estaba tentado en agarrar un trozo, se dijo a sí mismo:

"Si el exterior es así de fuerte, entonces el interior debe ser imposible de soportar."

Entonces la dejó.

El tercer hombre hizo un corte en la cebolla. Una capa se desprendió y cayó en su mano.

"Objeto milagroso", le dijo a todo el mundo. "Esto tiene cualidades mágicas. ¡Lo cortas y descarta todo su exterior, dejando un interior que es igual!"

El cuarto hombre quitó otra capa. Se la llevó, la cocinó y la comió. La encontró deliciosa. Luego enseñó a otros a hacer lo mismo.

"No importa cuántas capas le saques, este vegetal increíble siempre te presenta otra: es una especie de cosecha perenne", exclamaron.

Alguien comentó:

"Parece que se está empequeñeciendo."

"Esa es una mera ilusión óptica", dijeron los demás, porque querían creer que la cebolla era eterna.

¿Y cuando se arrancó la última hoja de la cebolla?

Todos exclamaron:

"¡Indudablemente esto es una cosa mágica pero traidora! No solo puede desaparecer, sino que lo hace sin ninguna advertencia."

Todos estuvieron de acuerdo, dado que efectivamente era lo más sensato, en que la gente estaba mejor... a fin de cuentas... sin cebollas.

Tiempo

VARIAS PERSONAS FUERON a ver a Simab, y lo encontraron en silencio.

Se marcharon, para luego decirles a todos los que se cruzaban que era vago e inútil.

Algunos de los discípulos de Simab se le acercaron y dijeron:

"Tu reputación está sufriendo porque no te ocupaste de esas personas como lo haces con nosotros."

Simab dijo:

"¿Qué querrían que hiciera?"

Ellos dijeron:

"Dales algo de lo que nos das."

Simab dijo:

"El motivo es honorable pero la posibilidad está ausente. ¿Debo darles lo que les doy a ustedes? ¿Quieren que yo los atienda a ellos, dejándome ustedes libre y permitiéndome atenderlos a ellos? ¿O simplemente quieren que sean silenciados, para que ustedes no se sientan incómodos al ser llamados discípulos de una persona indigna?"

La varita

SEGÚN LAS LEYENDAS, en algunas culturas los milagros se realizan agitando las varitas de hadas. En otros, está el espíritu del anillo mágico. Los objetos varían: por ejemplo, a veces son espadas; en otras se trata de tazas. Provienen a partir de extrañas criaturas sobrenaturales de nombres diversos.

La gente siempre ha sentido curiosidad por estos objetos, y de hecho los ha buscado por todas partes.

Pero ¿por qué es tan difícil encontrarlos? ¿Por qué parece imposible hacer contacto con las criaturas que hacen u operan estas maravillas?

Te lo diré. Incluso puede que me creas.

En cierta época, cuando este tipo de cuento se usó por primera vez, los sabios que los narraban solían decir claramente cuáles eran los objetos y quiénes eran las criaturas.

Pero esta información contradecía de tal modo las fantasías de todos los seres humanos sobre los objetos mágicos y las criaturas poderosas, y los ofendía de tal manera, que se volvieron contra los cuentacuentos y muchos fueron asesinados.

Desde entonces la identidad de las criaturas, y la naturaleza real de los objetos, siempre se ha ocultado lo suficientemente bien como para evitar una interpretación fácil y hacer que las personas más destructivas se burlen de la idea total por ser primitiva, ridícula, espuria.

"Si deseas que tu comida esté a salvo de los golosos, diles que es venenosa. Mejor aún, déjalos suponer que son lo suficientemente inteligentes como para descubrir que es perjudicial o inútil para ellos."

El sol y las lámparas

ALGUIEN LE DIJO a Jan Fishan Khan:

"Lo que hemos escuchado sobre la Actividad Oculta es algo que se rumorea desde hace siglos. Pero es un pensamiento extraordinario."

"¿Por qué es extraordinario para ti?", preguntó el Khan.

"Porque postula que, a pesar de los miles de centros de estudios visibles de los Sufis, estos no son nada en comparación con aquellos lugares que no podemos reconocer, porque no tienen la apariencia de santuarios, tumbas de santos o moradas de sabiduría."

Jan Fishan Khan dijo:

"Depende del punto de vista y de dónde estés mirando. Los lugares visibles de estudio Sufi son como lámparas en la oscuridad. Los lugares internos son como el sol en el cielo. La lámpara ilumina un área por un tiempo. El sol elimina la oscuridad.

"Si no puedes concebir esto, naturalmente te sorprenderás cuando lo escuches. Tal como la gente nocturna que duerme durante el día se sorprendería ante la luz del sol. Los noctámbulos, conociendo la oscuridad, en parte ven las lámparas porque la oscuridad está presente. Para aquellos que buscan la luz, la luz misma es perceptible sin que la oscuridad la muestre. Pero si fueras una persona nocturna que por alguna razón jamás estuviera despierta durante el día, la sorpresa sería aún mayor."

La cabra

HABÍA UNA VEZ un país donde las cabras eran casi desconocidas. Es decir, todos habían oído hablar de ellas, pero hasta entonces nadie había llevado ninguna hasta allí.

Debido a esto, todos estaban muy apegados a la idea de, y a pensar en, las cabras.

La falta de información real sobre las cabras no había impedido que los eruditos de esa tierra recolectaran, tamizaran, compararan y ampliaran cualquier fragmento de información sobre las cabras.

Aquellos que – en forma bastante comprensible – se obsesionaban con las cabras, eran conocidos como "los creyentes".

Como resultado de la vida intelectual y emocional centrada en el estudio de las cabras, todos creían que había mucho conocimiento disponible sobre las cabras. Algunos incluso estaban seguros de que sobre las cabras ya estaba todo dicho.

Un día un hombre cruzó la frontera hacia esta tierra fascinante. Con él trajo... una cabra.

"¡Es nuestra por derecho propio!", dijeron los sacerdotes adoradores de cabras.

"¡Es nuestra para estudiar!", dijeron los científicos especializados en caprología.

"¡Es nuestra para comer!", dijeron otros que no podían pensar en ningún otro reclamo.

El dueño de la cabra estaba asombrado. Dijo:

"¿Cómo puede ser vuestra, sea cual fuere el propósito, cuando es mía? Si están tan fascinados con ella, cómprenmela y déjenme ir."

Alguien chilló:

"¿Cómo alguien podría vender algo tan importante y raro como una cabra?"

Se decidió, por esta y otras razones, que el animal no era una cabra en absoluto. Esto debe significar, por supuesto, que su propietario era un fraude. Se veía como una cabra, según lo que habían escuchado, pero esta debía de ser espuria.

Los eruditos y juristas decidieron que el hombre debía ser castigado, y fue encarcelado.

La cabra fue colocada en una plataforma, para probar sus cualidades sobrenaturales y también para recibir los respetos de la población.

Privada de comida, languideció y murió.

Esto demostró que no podía ser una cabra verdadera, y que era inútil para la gente de ese país.

El maestro imbécil

Un cierto Sufi recibió a un joven que tenía muchas opiniones pero pocas experiencias. Cuando hubieron conversado durante una o dos horas, los allí presentes notaron que el Sufi hablaba cada vez más obcecadamente.

Enseguida, e incapaz de contenerse, el joven comenzó a llamar "imbécil" al Sufi.

Cuando este joven hubo partido, varias personas le suplicaron al Sufi que explicara la razón de su comportamiento; pero él simplemente sonrió y no dijo nada.

Algunos incluso imaginaron que el Sufi se estaba haciendo tan viejo que no había podido defenderse del visitante.

Un día, cuando se necesitaba una historia ilustrativa, el Sufi volvió al tema y dijo:

"Algunos de ustedes recordarán que hubo un día en que un joven vino aquí y yo me comporté como un viejo estúpido. El hecho es que él se manejó solamente con opiniones y no tenía la capacidad actual de reconocer la experiencia. Cruzar la barrera erigida por la opinión estaba más allá de mis poderes. Si hubiera tratado de explicárselo, solamente habría supuesto que deseaba criticarlo. Necesitaba información, no conocimiento (*malumat*, no *maarifat*).

"Como anfitrión, yo tenía una obligación. La obligación del anfitrión es darle al huésped lo que desea. El único servicio que él me permitió realizar fue sacar a la luz su altivez y aumentar la manifestación de su rudeza hasta tal punto (independientemente de mi apariencia), que pudiera observar sus propias dificultades y abandonarlas."

El tonto

Érase una vez un hombre que hizo una cosa bien y una cosa mal, en ese orden.

Lo primero fue decirle a un tonto que lo era.

Lo segundo fue no haberse asegurado de que no estaba parado junto a un profundo pozo.

Transacción

ALGUIEN LE DIJO a Ardabili:

"La maravillosa narración de los intercambios entre maestros y discípulos sirve para iluminar gran parte de mi corazón. Pero hay un asunto que me resulta oscuro."

"¿Y cuál es?", preguntó el Sufi.

"Relatas los hechos pero no siempre la ocasión. A veces relatas la ocasión pero no el nombre de los participantes. Tales omisiones están lejos del tradicional procedimiento escrupuloso de los hombres de letras."

Ardabili dijo:

"¡Amigo encantador! Si tuviera que mostrarte un ángel, ¿necesitarías conocer su hogar original? Si tuviera que enseñarte cómo beber una copa de agua, ¿tendría que decir: 'Mira, ¡esta es la forma en que bebe el Sultán de Jorasán!' Dichas preguntas tienen sus propias respuestas, excepto para los desatentos."

El pez y el agua

UN PEZ ES la peor fuente de información sobre el agua.

No sabe que el agua está allí cuando lo rodea, y solamente se agita en su ausencia.

Incluso cuando se lo priva de ella, el pez no sabe cuál es su problema: solo que se siente mal, incluso desesperado.

Hay una fábula sobre el pez. Dicen que cuando un pez es sacado del agua y yace jadeando en la orilla, considera que sus desgracias se derivan de todo aquello que se le pueda ocurrir. A veces lucha, a veces se rinde. En ocasiones piensa que debería luchar contra los árboles, la hierba, incluso el barro, por ser autores de sus desdichas. Pero es pura casualidad que vuelva a saltar al agua. Cuando lo hace, piensa en lo listo que ha sido. Sin embargo, por lo general él muere.

Los peces nunca ven la red ni reconocen el anzuelo. En el mejor de los casos culpan al gusano que está en el anzuelo o a las cuerdas a las que está unida la red.

¡Qué triste ser un pez! ¡Qué suerte es ser humano!

Ratonolatría

UN DÍA CIERTO ratón logró llegar a la Fuente del Conocimiento. Quien beba de ella tendrá el deseo de su corazón... y uno extra.

El ratón bebió y deseó poder entender el lenguaje de los hombres, si es que lo tuviesen.

Luego de haber escuchado por un rato lo que los humanos tenían para decir, utilizó su deseo extra para anular su nuevo poder.

Los otros ratones le dijeron:

"¿Qué fue tan horrible del discurso de los hombres?"

Al principio era incapaz de volver a pensar en ello, pero lo presionaron tanto que dijo:

"Pienso que no me creerán, pero lo que tengo para decir es cierto. ¡Los hombres realmente imaginan que Dios es como ellos, con atributos humanos y no ratoniles!"

Los ratones que lo escuchaban se estremecieron hasta la médula.

Cuando algunos de los intelectuales que había entre ellos se recuperaron de su indignación, preguntaron:

"¿Pero no hay nadie que piense lo contrario?"

"Hay algunos, pero sus teorías son tan abominables como las otras."

"De todos modos cuéntanos, para que podamos tener la información más completa sobre este increíble asunto", clamaron los pensadores.

"Bueno, entonces, hay quienes por ejemplo imaginan que los términos religiosos en realidad se derivan de los estados mentales".

"¡Basta!", exclamaron algunos de los ratones reunidos, "tal insensatez podría causar una epidemia de locura. Incluso el Dios Ratón podría no ser capaz de protegernos de ella."

"¡Suficiente!", gritaron otros, "porque esto podría dar a los ratonólatras una oportunidad de revivir esa tontería llamada religión, pretendiendo que tiene un origen funcional."

"Al comienzo les advertí a todos ustedes que era horrible", dijo el ratón que había logrado llegar a la Fuente del Conocimiento.

Seis vidas en una

HABÍA UNA VEZ un joven que pensó:

"Si solamente pudiera experimentar varias fases de la existencia, sería capaz de escapar de la estrechez mental. ¿De qué sirve que te digan 'sabrás cuando seas viejo', si para entonces ya seré demasiado viejo como para hacer algo al respecto?"

Se encontró con un sabio que dijo, en respuesta a estas preguntas:

"Si quieres puedes encontrar la respuesta."

"¿Cómo?", preguntó el otro.

"Mediante transformación múltiple. Come ciertas bayas que te mostraré, y podrás envejecer y rejuvenecer; o dejar de ser una persona y convertirte en otra."

"Pero no creo en la reencarnación."

"No se trata de lo que crees, sino de lo que es posible", dijo el sabio.

Entonces comió las bayas y deseó ser un hombre de mediana edad. Pero tener esa edad implicaba tantas limitaciones que se comió otra y envejeció muchísimo. Ahora que era viejo quería volver a ser joven, así que se comió otra baya.

Y volvió a ser joven otra vez; pero como cada estado tiene su correspondiente grado de conocimiento, la experiencia que había adquirido en sus dos transformaciones previas desapareció.

Pero el joven todavía recordaba las bayas y decidió realizar un segundo experimento. Se comió otra baya, esta vez deseando convertirse en "otra persona". Tan pronto como se encontró transformado en esa persona, se dio cuenta de que el cambio en sí mismo era inútil. Así que se comió otra baya y deseó morir para volver a ser él mismo.

Esta vez, cuando se encontró restaurado a su estado original, se dio cuenta de que todo lo realmente valioso que le quedaba era muy diferente de las "experiencias" que tanto había apreciado en el pasado como indicativas de un cambio en su interior.

El sabio apareció ante él nuevamente. Dijo:

"Ahora que sabes que las experiencias importantes no son las que quieres sino las que necesitas, acaso puedas comenzar a aprender."

Oposición

Un hombre llamado Imami, que era conocido por sus críticas casi insoportables, llegó un día a visitar a un maestro Sufi.

"He dedicado mi vida a oponerme a aquellos cuyas creencias son falsas y a luchar contra quienes predican errores; y en general puedo hacer que clamen por misericordia, pues tal es el poder de mis ataques legítimos", dijo.

El Sufi preguntó:

"¿Te has puesto en su lugar antes de hacer esto?"

"Sí, efectivamente, lo he hecho para atacarlos mejor, así como para darme cuenta de sus debilidades", dijo Imami.

Al escuchar esto el Sufi comenzó a vituperarlo. Gritó, se encolerizó y descargó sobre el infortunado Imami todo el repertorio de epítetos conocidos bajo el sol. Imami colapsó y rogó al Sufi que se detuviera.

El Sufi comentó:

"Todo lo que hice fue para que realmente pudieras *sentir* lo que sienten tus oponentes cuando están siendo atacados. Dices que te has puesto en su lugar. Pero veo que realmente empiezas a sentirlo cuando *yo* te pongo en su lugar."

Avance científico

UNA POLILLA, HABIENDO visto una luz dentro de la habitación, revoloteaba fuera de su ventana.

Una araña le dijo:

"¿Cuándo aprenderán las polillas que las llamas queman y son destructivas? Estás molesta por la presencia del cristal, pero eso es justamente lo que te salva de la destrucción."

La polilla rio. "Abuelita, hay dos respuestas para ti", dijo. "Primero, tú eres una devoradora de insectos; y por cierto que sea, tu consejo nunca podrá ser aceptado por ellos.

"Segundo, las polillas de la generación actual sabemos más de lo que piensas. Por ejemplo, sé que la luz deliciosa en esa habitación es luz fría. Desde tus tiempos hasta hoy ha habido progresos científicos... ya sabes.

"Entraré por esta grieta y me acurrucaré en la luz."

Diciendo esto, la polilla entró dificultosamente en la habitación.

No había nadie allí para detenerla ni telaraña que pudiese ser un peligro.

La polilla revoloteó alrededor de la luz fría en una danza extática.

Pero los avances científicos habían tenido lugar.

La luz estaba protegida por una capa de DDT.

Servicio

BABA MUSA-IMRAN llevaba la vida de un rico mercader, aunque sus dichos eran aceptados como los de un santo. Quienes habían sido sus discípulos eran maestros en lugares tan distantes entre sí como China y Marruecos.

Un cierto iraní, adoptando el atuendo de derviche errante, encontró la casa del Baba después de una larga búsqueda. Fue recibido amablemente y se le encargó la tarea de mantener limpios los canales de riego del jardín. Permaneció allí durante tres años, sin recibir ninguna instrucción sobre los misterios. Ya sobre el final, le preguntó a un camarada jardinero:

"¿Podrías decirme si es plausible que se me admita en el Camino, y cuánto tiempo más tendré que esperar? ¿Hay algo que debería hacer para satisfacer los requisitos necesarios para el *Iltifat*, la bondadosa atención del maestro?"

El otro hombre, cuyo nombre era Hamid, dijo:

"Solamente puedo decir que Baba Musa nos ha asignado tareas. Realizar una tarea es un período de Servicio, conocido como la Etapa de *Khidmat*. Un discípulo no debe salir de la etapa que le fue asignada. Hacerlo es rechazar la enseñanza. Puede que el buscar otra cosa o algo más sea una indicación de que, en realidad, uno ni siquiera ha cumplido correctamente en la Etapa de Servicio."

Menos de un año después, el jardinero iraní pidió permiso para irse en búsqueda de su destino.

Pasaron otros treinta años, y este mismo hombre se encontró un día en presencia de su antiguo compañero, Hamid, que ahora era Murshid de Turkestán. Cuando Hamid invitó a que se hicieran preguntas, el iraní se levantó y dijo:

"Soy tu antiguo compañero de estudios de la corte de Baba Musa-Imran. Dejé los estudios en la fase de Khidmat, Servicio, porque me resultaba incomprensible su relevancia para con la Enseñanza. Tú también, en ese momento, realizabas tareas serviles y no asistías a conferencias.

"¿Puedes decirme el momento en particular en que comenzaste a progresar en el Camino?"

Hamid sonrió y dijo:

"Perseveré hasta que verdaderamente pude realizar el servicio. Esto sucedió solamente cuando dejé de imaginar que el trabajo servil era en sí mismo suficiente para denotar servicio. Fue entonces cuando se me manifestó su relevancia para con el Camino. Las personas que abandonaron a nuestro Baba lo hicieron porque querían comprender sin ser dignos de la comprensión. Cuando un humano quiere comprender una situación en la que apenas imagina estar, seguramente sentirá desconcierto. Es incapaz de entender, por lo tanto desearlo no es suficiente. Es como un hombre que se ha tapado los oídos y a los gritos te dice '¡Háblame!'"

El iraní preguntó:

"Y después de haber perfeccionado tu Servicio, ¿te confió el Baba las Enseñanzas?"

Hamid dijo:

"Cuando estuve en condiciones de servir, pude comprender. Aquello que comprendí, residía en los alrededores preparados por el Baba para nosotros. El lugar, las demás personas y los actos se podían interpretar como si él hubiese pintado un cuadro de las realidades misteriosas en el idioma propio de ellas."

La supervivencia trigástrica

Érase una vez un planeta en el que había tres tipos de personas: las que poseían solo un estómago, aquellas con dos y las que tenían tres estómagos.

Al principio nadie se daba cuenta de que había alguna diferencia entre ellos. Vivían en diferentes áreas y adoptaban la comida y los hábitos que mejor se correspondían con sus peculiaridades estomacales.

Pero a medida que se multiplicaron, sus diferencias provocaron disputas. A veces prevalecían los monogástricos, otras los bigástricos y en ocasiones los trigástricos.

Luego, con realismo y a través del deseo de equidad, decidieron abolir todas las diferencias basadas en la cantidad de estómagos. Felizmente el resultado fue que, con el tiempo, las personas olvidaron la existencia de estas diferencias anatómicas. Ahora tenían una cultura unificada que era completamente ciega a este detalle. Incluso los instrumentos tecnológicos ideados por la gente no registraban las diferencias estomacales.

Y luego emergió un nuevo elemento. A medida que los suministros de alimentos aumentaban en cantidad y disminuían en calidad (por razones imprevistas), los mono y bigástricos no pudieron soportar la nueva dieta y comenzaron a extinguirse.

Debido a que el antiguo tabú contra el conocimiento de los estómagos se había establecido incluso en la herencia genética de la población, nadie pudo resolver el problema y solo los trigástricos sobrevivieron.

Tigre

Un ciervo, huyendo de un tigre al acecho, hizo una breve pausa para advertirle a un ratón que estaba tranquilamente sentado junto a su cuevita:

"¡Se aproxima el señor de la jungla, el tigre está con ganas de matar, corre por tu vida!"

El ratón mordisqueó una hebra de pasto y dijo:

"Si trajeses noticias de un gato depredador... bueno, ¡eso sí me interesaría!"

Haz esto por favor

Se le preguntó a cierto Sufi:

"¿Cómo puedes enseñarles a las personas a moverse en determinadas direcciones cuando no conocen tu 'lenguaje'?"

Él dijo:

"Hay una historia que ilustra esto. Un Sufi estaba en un país extranjero donde la gente solo conocía una frase de su idioma. La frase era: 'Haz esto por favor.' No tuvo tiempo de enseñarles más de su idioma. Entonces, cada vez que necesitaba que algo se hiciera tenía que mostrar qué era lo que quería y decir: 'Haz esto por favor'.

"Y de esa manera, todo fue hecho."

Picadura

UN GATO HABÍA arrinconado a un escorpión, que decidió suplicar por su vida:

"¡Perdóname, perdóname! Puedes atrapar muchas otras cosas que son más gratificantes que un bocado de cartílago. Si me dejas ir te contaré mi secreto."

Curioso como todos los gatos, el felino se inclinó hacia adelante y el escorpión le susurró al oído.

Al escorpión se le permitió escapar, y el gato regresó a su amo.

Tan pronto como el hombre lo recogió, el gato – haciendo gala de su nueva habilidad – hizo con sus patas un movimiento hacia atrás y le clavó sus uñas en un brazo. Ningún escorpión podría haberlo hecho mejor.

Y el hombre metió al gato en una bolsa y lo tiró al río.

Contradicciones

Un intercambio entre un Sufi y un inquisidor:

"Si dos dichos Sufis se contradicen entre sí, ¿cuál enunciado debería uno elegir?"

"Son únicamente contradictorios si se los toma por separado. Si aplaudes y observas apenas el movimiento de las manos, parecen oponerse entre sí. No has visto lo que está ocurriendo.

"El propósito de la 'oposición' de las palmas era, por supuesto, producir el aplauso."

La fruta

ÉRASE UNA VEZ tres hombres; todos querían fruta, aunque ninguno de ellos jamás había visto una pues en su país la fruta escaseaba mucho.

Resulta que ellos habían salido de viaje en busca de esta cosa casi desconocida llamada fruta. Y también sucedió que, aproximadamente al mismo tiempo, cada uno encontró su camino hacia un árbol frutal.

El primer hombre era un hombre descuidado. Llegó al árbol, pero había pasado tanto tiempo pensando en las direcciones que no reconoció la fruta. Su viaje fue desperdiciado.

El segundo hombre era un tonto que se tomaba las cosas muy literalmente. Cuando vio que toda la fruta del árbol estaba pasada, dijo:

"Bueno, he visto fruta y no me gustan las cosas podridas; en cuanto a fruta se refiere, no quiero saber ya más nada." Continuó su camino, y su viaje fue desperdiciado.

El tercer hombre era sabio. Tomó un poco de la fruta y la examinó. Después de pensarlo un poco y de devanarse los sesos para recordar todas las posibilidades de este manjar incomible, descubrió que dentro de cada fruta había un hueso.

Una vez que supo que esta piedra era una semilla, todo lo que tuvo que hacer fue plantar, ocuparse del crecimiento y esperar... la fruta.

El Sufi esclavo

Se cuenta que uno de los grandes Sufis fue un esclavo: Ayaz, quien llegó a ser el confiable compañero del sultán Mahmud de Ghazna.

Según el relato, un cortesano le dijo:

"Fuiste derviche y luego puesto en cautiverio; después serviste durante años a Mahmud y aún continúas haciéndolo. Sin embargo, es tal tu santidad que el sultán te concedería la libertad inmediatamente si se la pidieses. ¿Por qué continúas en esta extraña posición?"

Ayaz lanzó un hondo suspiro y dijo:

"Si dejara de ser un esclavo, ¿dónde diantres estaría el hombre a quien la gente puede señalar como un esclavo pero que en realidad es un maestro? Y si abandonara al rey, ¿quién quedaría para amonestar a los cortesanos? Me escuchan a mí porque también Mahmud me presta su oído. Son ustedes, querido amigo, quienes han construido este pequeño mundo a su medida; y sin embargo eres tú quien me pregunta por qué estoy así, dentro de esta jaula de hombres."

Leyenda improbable

"La cirugía cosmética no solo es útil sino que es prácticamente una necesidad, dado el actual desarrollo del entorno social", dijo un águila.

Cuando hizo que le cortaran las garras y el pico, a todos les gustó tanto el efecto que la imitaron.

O casi todos ellos. Los que no se preocuparon por mejorar su apariencia fueron los cuervos. *Ellos* dejaron que les creciesen las garras; y se quedaron aguardando que llegara el día en que otras aves de presa hubiesen practicado podiatría y vivido en ese grado de civilización adquirido durante tanto tiempo, que ya no sabrían qué hacer con sus garras aun cuando sus códigos sociales – dadas las nuevas circunstancias – les permitiesen nuevamente dejárselas crecer.

Entornos

Un cierto Sufi llamó a otro hombre, que lo respetaba mucho, para que viniera a vivir a su casa. Pero al cabo de cuatro días, el Sufi partió en un largo viaje que lo mantuvo ausente durante tres años.

El invitado se sintió sumamente incómodo: privado de la presencia de su amo, estaba confundido; e incluso llegó a ocuparse de los asuntos de la casa.

Muchos años más tarde, alguien a quien el huésped le había confiado su agitación regresó y descubrió que había ocupado el lugar del Sufi y que ahora sus sentimientos eran muy diferentes.

Él dijo:

"Lo que me había resultado claro cuando llegué por primera vez a la casa de mi amo era, ahora lo entiendo, muy oscuro. Si se hubiera quedado, no habría podido soportar la intensidad de su presencia. Tal como estaban las cosas, lo que quería era estar con él. Lo que realmente *necesitaba* era respirar el aire de su entorno."

El contorno

HABÍA UNA VEZ una casa junto a la cual se enraizó una enredadera.

A medida que pasaron los años, la planta cubrió las paredes dejando apenas un contorno impreciso para indicar que había algo detrás del verdor.

La frondosidad de la vegetación hacía cada vez más dificultoso el ingreso a la casa.

Hasta que la casa dejó de usarse. Cuando algunas partes se derrumbaron, incluso el contorno cambió.

Cuando la casa se derrumbó por completo, se convirtió en un agradable montículo cubierto de enredaderas; muy de vez en cuando la gente preguntaba despreocupadamente acerca de su origen.

La enredadera era la más preocupada. Decía:

"¡Qué edificio tan ingrato! Lo sostuve durante muchos años, pero de todos modos se tiró al piso." Y entonces se extendió por todo el campo circundante.

La diferencia

Después de dar una conferencia, Sufi Putsirr preguntó si alguno de los presentes quería hacer una pregunta.

Un visitante dijo:

"He oído hablar mucho sobre las maravillosas cualidades del Maestro Inabi de Balkh. Pero al visitarlo encontré que apenas era atendido por un puñado de personas, y además no hablaba con ninguna de ellas... a veces durante meses y meses. Había gente que me decía que él nunca les había dirigido ni una sola palabra. Ahora vengo aquí y te encuentro mucho más lúcido y con semejante concurrencia, que me veo obligado a concluir que eres a ti a quien debo respetar."

Alguien objetó que esto no era una pregunta sino una declaración.

El maestro dijo:

"De hecho esta es una pregunta, aunque no sea específicamente formulada como tal. Pero es una pregunta más clara que la mayoría de las preguntas, que generalmente son desafíos o declaraciones. Así que tratémosla como una pregunta.

"El maestro Inabi tiene poca gente a su alrededor porque es famoso desde hace cuarenta años. Durante ese tiempo todos los sensacionalistas y perros perdidos lo han visitado y descubierto que es un maestro y no un animador, y se fueron. Pero como llevo aquí apenas unos doce años, todavía estoy rodeado de muchos que, no obstante su apariencia exterior, están ávidos de conocimiento y ansiosos de emoción. ¿No has notado que siempre hay más ovejas en cualquier lugar, que leones en su sitio?"

El cristal

Hay una leyenda que cuenta acerca de la búsqueda de conocimiento de un joven a través de la experiencia. Seguía a todo el mundo y practicaba todo lo que se le ocurría, buscando lo que podría haber para el humano más allá de las dimensiones de la vida ordinaria.

Finalmente llegó a la cueva de un sabio muy anciano, quien estaba sentado con una bola de cristal delante suyo. El joven se sentó ante el sabio y miró en la brillante superficie.

Vio toda clase de cosas de las que nunca había oído hablar, y cosas que nunca había imaginado. Entonces le dijo al maestro:

"No es suficiente ser un espectador, incluso para estas maravillas. Debería encontrar la manera de vivir estas cosas."

El sabio lo invitó a entrar en la bola de cristal. Tan pronto como lo intentó, el joven descubrió que efectivamente podía ingresar en cualquiera de las escenas que había presenciado.

Salió de la esfera de inmediato. Sin decir una palabra, el sabio le pasó un martillo y el joven hizo añicos la bola y se marchó.

Egoísmo

Cuando le preguntaron por qué nunca criticaba a nadie, Anwar hijo de Hayyat dijo:

"Por egoísmo. Si alguien divulga un defecto de un vecino, puede ser bueno para la aldea. Pero si no es alguien que se ha sobrepuesto a la arrogancia, al ejercitar la crítica se hará más arrogante a sí mismo.

"Soy demasiado egoísta para querer ser contaminado por la exacerbación de mi arrogancia."

Experiencia

Se le preguntó a cierto Sufi:

"¿Por qué viajaste tanto en tu juventud, obteniendo tal variedad de experiencias?"

Él respondió:

"Porque si lo hubiera hecho ya siendo famoso, la gente me habría tratado de manera diferente... y entonces no habría tenido tales experiencias."

Los botánicos: un país sin medicina

Érase una vez, hace muchos años, un jardín atendido por dedicados y talentosos trabajadores. El jardín fue desarrollado, a partir de tierras baldías, gracias al esfuerzo y sacrificio; y en una época en la que a nadie en el mundo entero le importaban los jardines. Los botánicos, y otros especialistas que trabajaron aquí durante una vasta extensión de tiempo, enviaban expediciones para encontrar y traer todo tipo de plantas de los lugares más remotos.

Algunas de las plantas, como el algodón, producían fibras adecuadas para el hilado. Otras proporcionaban alimentos nutritivos. Y otras plantas tenían virtudes medicinales.

Pero entonces una calamidad golpeó el jardín, la cual ocasionó la muerte de casi todos los jardineros. El resto se vio obligado a retirarse a lugares distantes. A su debido tiempo, otras personas llegaron. Pronto reconocieron el valor práctico de las plantas alimenticias y las cultivaron. Luego descubrieron que algunas de las hierbas y flores podían ser usadas como tintes. Finalmente, dado que eran experimentadores infatigables, revelaron los secretos de los hilados que podían obtenerse a partir del material fibroso.

Y sin embargo, extrañamente, estas personas no lograron descubrir las propiedades especiales de las plantas medicinales; y por lo tanto no tuvieron una ciencia médica real. Cuando se enfermaban, pronunciaban encantamientos: y se recuperaban o eran mutilados... o morían. A esto lo consideraban como el orden natural y correcto de los acontecimientos. De vez en cuando les llegaban algunas leyendas sobre la medicina;

pero eran un pueblo racional y no creían en este "culto", ya que sonaba como una superstición o una ilusión: tal como te resultaría a ti, si hubieras sido criado sin ella. Decían:

"Por supuesto que todo el mundo quiere mejorar, y es por ello que la gente ha fantaseado con la 'ciencia de la medicina'."

Los botánicos, sin embargo, todavía existían. Algunos de ellos volvieron al lugar que antes había sido su jardín, plantado por sus propios antepasados. Fue entonces cuando descubrieron, para su consternación, que la medicina se consideraba ahora localmente como una tontería arcaica. "Pronto deberíamos ser capaces de ponerle fin a esto, pues podemos demostrar que en muchos casos las enfermedades se pueden curar por medios sencillos, a través de un conocimiento profundo y experto de las plantas.", decían.

No solo eran botánicos sino también personas precavidas. Antes de intentar restaurar el conocimiento del arte de la medicina, llevaron a cabo un estudio acerca de la naturaleza y el comportamiento, de los pensamientos y las instituciones, de las personas que ahora vivían en el jardín.

Fue entonces cuando recibieron una sorpresa. Las personas que los habían reemplazado (excepto una minoría totalmente inadecuada para el estudio de la medicina) estaban revestidas de tales hábitos de razonamiento selectivo que ni siquiera la demostración los convencería de que pudiera existir tal cosa como la medicina. Es cierto que clamaban por la demostración; pero entonces no les permitían – los anacrónicos, como los llamaban – a los científicos utilizar la medicina para curar. Por ejemplo, insistían en sus propias condiciones: que todas las curas debían ocurrir en menos de seis minutos; o que ninguna medicina podía ingerirse, en caso de que dañara a alguien.

Y entonces los científicos decidieron volver a aislarse, hasta que la gente – acosada por enfermedades – se desesperara tanto que aceptasen someterse a los tratamientos "supersticiosos" que habían estado rechazando; o hasta que hubiera suficientes estudiantes desapasionados para hacer demostraciones reales entre aquellos que consideraban que la medicina era una posibilidad viable.

Peor

Un filósofo dijo:

"La gran mayoría de las conversaciones entre los derviches tiene que ver con el 'refinamiento del hombre'. Estoy cansado de esto; porque, como hombre objetivo, quiero escuchar el otro lado: ¡acerca de empeorar al hombre!"

Un derviche que estaba presente dijo:

"¡Bienaventurado! Hablar del mejoramiento o empeoramiento del humano sirve para ambos propósitos. Entre los que no tienen la base, no hay forma más rápida de empeorar a un hombre que hablar de su 'refinamiento'. ¿Por qué otra razón los derviches se negarían a enseñarles a todos los que acuden a ellos?"

Dinero

Hay una historia sobre un hombre que abordó a un compilador de diccionarios y le preguntó por qué estaba interesado en el dinero. El lexicógrafo se sorprendió bastante y dijo: "¿De dónde sacaste esa idea?"

"De tus propios escritos", dijo el visitante.

"Pero apenas he escrito un diccionario: eso es mis escritos", dijo el autor.

"Lo sé, y ese es el libro que he leído", dijo el otro hombre.

"¡Pero el libro contiene cien mil palabras! Y de esas, no creo que más de veinte o treinta tengan que ver con el dinero."

"¿Y por qué estás hablando de todas las otras palabras, cuando yo te pregunto acerca de las que se refieren al dinero?"

Evalúa

"EVALÚA SIEMPRE LAS pruebas con espíritu crítico", aconsejó un sabio de la Tierra de los Tontos a uno de sus estudiantes.

"Voy a ponerte a prueba en lo referente a la factibilidad. Supón que te dijese: 'Trepa por ese rayo de luna', ¿qué responderías?"

"Yo diría: 'Podría resbalarme al subir'."

"¡Incorrecto! Tendrías que haber pensado en hacer muescas con un hacha para afirmar los pies."

A su debido tiempo

"¿POR QUÉ HACEN más ruido los críticos y detractores que los que valoran el Camino?", preguntó a Jan Fishan Khan un clérigo que estaba de visita.

"Puedes responder a la pregunta tú mismo", dijo el Khan, "si encuentras la respuesta a esto:

"Un niño gritón está tirando piedras a un árbol. La gente se detiene y lo observa. Un sabio pasa y nota que el árbol es uno que da una fruta deliciosa. El niño está completamente absorto en su diversión. Los espectadores solo miran lo que el chico está haciendo. El sabio mira en la interioridad del árbol, la cual se manifestará a los demás a su debido tiempo."

Radios

CIERTA VEZ ESTUVE en un país donde los locales nunca habían escuchado los sonidos emitidos por un receptor de radio. Me enviaron uno; y mientras lo esperaba traté de describírselos. El efecto general fue que la descripción fascinó a algunos y enfureció a otros. Una minoría se volvió irracionalmente hostil hacia las radios.

Cuando finalmente les mostré cómo funcionaba el aparato, la gente no podía notar la diferencia entre la voz del parlante y la de alguien cercano. Finalmente, como nosotros, lograron desarrollar la habilidad para discernir una de la otra... tal como la tenemos nosotros.

Y cuando los interrogué después, todos juraron que lo que habían imaginado a partir de las descripciones de las radios – por minuciosas que fueran – no se correspondía con la realidad.

El joven Sufi

UN ANCIANO VISITÓ a un joven Sufi que estaba sentado entre un grupo de amigos. Los otros visitantes se burlaron cuando dijo:

"Toda mi vida he acumulado dinero, y no he dedicado tiempo a reflexionar sobre el hombre y su realidad interior."

El Sufi dijo:

"Cada hombre hace lo que puede con lo que tiene."

"Sí", dijo el anciano avaro, "y como no conozco otra forma de honrarlos, a quienes ahora reconozco les doy esto. Es una gema que compré en lo del orfebre. Pagué por ella cada centavo que he ahorrado estos últimos sesenta años. Es lo mejor que tenía en su tienda. Yo soy demasiado viejo para cambiar, pero cada hombre habla en su propio idioma."

El joven Sufi se levantó y comenzó a rasgarse la ropa. Le dijo al grupo allí reunido:

"Están pensando que este hombre es materialista y que carece de conocimientos. ¡Pero se está separando de lo más valioso que tiene por su nobleza de espíritu, no por la mía! A partir de hoy este hombre será vuestro maestro, y yo me recluiré."

El libro mágico

Un día cierto historiador inglés descubrió, entre algunos libros que había comprado, uno que trataba de hechizos mágicos.

Dejó el libro a un lado; pero un día pensó:

"La magia es una absoluta tontería, pero ¿no sería extraordinario que un historiador, con las mejores intenciones, pudiera hacer uso de los hechizos para proyectarse en el pasado y conocer los hechos históricos tal como sucedieron realmente?"

Y así fue como nuestro historiador se encontró en Gran Bretaña durante la conquista normanda. Cuando hubo vivido allí por un tiempo, pronunció la palabra mágica para volver a su propia época.

Poco después, brindó una conferencia sobre Gran Bretaña en la época normanda. Pronto fue privado de su puesto universitario porque insistió en "hacer afirmaciones supuestamente fácticas sin citar sus fuentes literarias, y alegando que todos los hechos históricamente establecidos sobre la Gran Bretaña normanda eran incorrectos."

Su biblioteca fue rematada y el libro de magia llegó al Medio Oriente.

Lo compró un hombre llamado Mansour, que se sentía tan atraído por la fórmula del espacio-tiempo como el historiador inglés. Se proyectó de nuevo a la toma de Constantinopla por Mohammed el Conquistador, solamente como cuestión de interés.

Dado que en su comunidad la práctica de la magia era considerada indeseable, no le contó a nadie sobre sus aventuras.

Pero, siendo a fin de cuentas humano, no pudo resistirse a usar su nueva información. Un día dijo:

"Me parece curioso que los musulmanes usen el fez como un sombrero que indica su religión, cuando antes lo usaban únicamente los cristianos en Bizancio. Y en cuanto al emblema de la media luna y la estrella, fue utilizado por aquellos cristianos a los cuales se enfrentaron los musulmanes."

Las autoridades eclesiásticas de su país lo declararon hereje, y nadie le hablaría hasta que se retractara de cada palabra; cosa que pronto hizo.

Tiró el libro por la ventana; y fue recogido por un mendigo, quien lo vendió por un trozo de pan al dueño de una librería.

El libro estaba escrito en inglés, y un extranjero que conocía el idioma lo compró por casi nada en su camino de regreso a Occidente.

Este hombre, a quien llamaremos Martín, quedó fascinado por el mismo pasaje del libro que había interesado a sus predecesores. Pero como buen católico, se lo llevó a un cardenal que conocía y le preguntó al respecto.

El cardenal dijo:

"Hijo mío, este es un pecado grave; y un objeto como este es una abominación para todos los creyentes. ¡Evítalo!"

Martín estaba debidamente agradecido por esta guía y le dejó el libro al cardenal.

Algún tiempo después, sentado en su estudio, el cardenal reflexionó:

"Después de todo, un hombre de mi posición es muy capaz de defenderse de fuerzas sobrenaturales. Puedo ver los peligros de enviarse a sí mismo hacia el pasado y rumbo a una época en que las cosas no son lo que nos parecen desde nuestro punto de vista actual. Por lo tanto, como experimento, inventaré una fórmula especial."

Después de pensarlo mucho, recitó el hechizo que lo llevaría atrás en el tiempo y el espacio, así:

"Que se me permita ser proyectado hacia un tiempo y un lugar donde las cosas no interferirán con mis creencias."

Cerró los ojos; y cuando los volvió a abrir se encontró con que estaba en una cueva. Escuchó sonidos como los que hace la gente, justo afuera. Ajustándose su hermosa túnica, el cardenal se acercó a la entrada de la cueva. Reunidos en una hondonada delante de él había unas pocas docenas de hombres y mujeres de largos cabellos enmarañados, vistiendo pieles y sosteniendo garrotes. Gruñeron al verlo aparecer y lanzaron gritos agudos, aparentemente de bienvenida.

"Amigos", dijo el cardenal, "no sé dónde estoy, pero puedo ver que necesitan orientación. He venido a hablarles de la cosa más importante que hayan escuchado."

Pero todo lo que pudo provocar como reacción fueron gruñidos y chillidos. Cuando se dio cuenta de que había viajado varios cientos de miles de años atrás, también descubrió que se había olvidado de la palabra que tenía que pronunciar para volver a su propio tiempo.

El libro ya se ha vendido y ha recomenzado sus viajes; ahora está en la estantería de un comerciante de segunda mano, esperando a su próximo comprador. A fin de cuentas, es afortunado que la mayoría de la gente considere a tales libros como tonterías...

El hombre

Un derviche bektashi se acercó a cierto obispo y le dijo:

"He oído hablar de un joven que arenga a las multitudes y las incita a violar la ley, que afirma que tiene vínculos sobrenaturales, que realiza 'milagros' y se contradice a sí mismo..."

"¡Basta!" dijo el obispo. "Será juzgado, acusado de blasfemia y de alterar el orden público. Si no se retracta, podrá ser condenado a muerte como hereje y corruptor. ¡Dígame su nombre y yo me encargaré del resto!"

"Ojalá pudieses darte cuenta de lo impresionado que estoy por tu capacidad", dijo el Bektashi. "Su nombre es Jesús."

Informe psicoantropológico

Hay un país donde toda la gente es excéntrica durante parte del tiempo. No se parecen en nada a los seres humanos que conocemos.

Entrenan a grupos de personas para que se comporten de forma sistemática. Una vez hecho esto, provocan esa conducta y todas las acciones periféricas mediante la aplicación de los estímulos necesarios.

Aquellas personas que muestran la mayor eficiencia en el entrenamiento – los sujetos mejor adoctrinados – reciben recompensas al igual que los animales de laboratorio que reproducen con éxito su plan de condicionamiento.

Pero en este punto, a diferencia de nosotros, estas personas se confunden bastante de un modo por demás sistemático: los propios entrenadores, en lugar de decir: "Otro experimento completado con éxito", comienzan a admirar y adorar a los "héroes". Los establecieron como inspiradores, afirmando que lo que hicieron fue "espontáneo".

El resultado es que cualquier cosa realmente espontánea es castigada y despreciada, y no puede sobrevivir en su sociedad. Pero como les sobra la palabra, la usan para cosas no espontáneas.

Todo esto es una lástima, ya que a veces son grata compañía y tienen capacidades mucho mayores que esta de autoengañarse. Y el suyo es, para muchos visitantes, un hermoso país. Debido al inconveniente que acabamos de describir, por supuesto, la mayoría de las personas que no tienen que ir allí lo evitan. Se irritan al notar que en realidad la ciudadanía de este lugar tiene científicos que realizan trabajos clínicos y experimentales en animales y humanos, sin notar efectos similares en la convivencia cotidiana. Esto, afirman, es la experimentación y el condicionamiento. Pero lo que hacen entre ellos, que es exactamente lo mismo, después del trabajo en el laboratorio... eso no lo es.

Pero ¿son secretos los resultados de los procesos de adoctrinamiento de los científicos? ¡Dios mío, no! Se divulgan ampliamente en libros populares y son muy leídos.

Nosotros sí que tenemos suerte de vivir en nuestro mundo.

Frívolo

Un príncipe le dijo a un erudito:

"El discurso de aquel Sufi es tan frívolo y general, que no creo que pueda ser un hombre sincero."

El erudito dijo:

"¡Oh, Emir de los Sheikhs! Debes saber que hay tres formas de conocimiento profundo:

El Conocimiento Profundo desconocido por todos;

El Conocimiento Profundo brindado por los resultados de un discurso complejo;

y el Conocimiento Profundo transmitido por medios aparentemente frívolos.

Una broma de los labios de ese Sufi ha hecho cien santos; mientras que otros hombres, de semblante serio y palabras amenazantes, han tenido éxito... en hacer cadáveres."

Una vez se le entregó a un hombre el cáliz con el Agua de la Vida.

Se negó a beber porque no le gustaba la forma del contenedor.

Si eres un hombre de "forma", ¿por qué hablas de "profundidad"?

Detengan ya a Og...

Así que por fin ha llegado el gran "descubrimiento". El archirrebelde, blasfemo y todólogo llamado Og, ha ensayado un nuevo movimiento para llamar la atención. Se recordará que su último consejo maravilloso fue "Lleva cinco cosas a la vez; en lugar de hacer varios viajes, haz uno". El sacerdocio, como cualquier persona inteligente podría haber previsto, le puso un pronto fin a eso; y por supuesto era solo cuestión de tiempo antes de que a Og se le ocurriera algo más. Si el Gran Tótem hubiera tenido la intención de que nos comportáramos como niños, para llenar torpe y desordenadamente nuestros brazos con objetos, ya se habría establecido así en los Salmos Mágicos. Sabemos (como dictaminó tan sabiamente el Gran Jefe Hoodoo) que es más digno, más apropiado y más correcto llevar una cosa a la vez.

Pero nos estamos acostumbrando a Og. Puede que se autodenomine "Innovador"; pero ¿qué innovación hay (aun asumiendo la tesis – que está lejos de ser comprobada – de que la innovación es buena, pues hay evidencia de lo contrario) en la mera repetición, bajo otro disfraz, de la rebeldía y la herejía?

Ayer, como he dicho, era "Lleva más de un objeto a la vez y ahorra tiempo". ¿Hoy? El patrón pueril se repite, aunque los matices del desafío son más siniestros. Hoy, amigos, es "puedo hacer fuego sin frotar dos palos."

Anteriormente, por supuesto, ningún humano decente habría permitido que una secuencia tan espantosa de palabras partiera de sus labios, ni siquiera para refutarlas. Pero estos son tiempos diferentes, tiempos iluminados, tiempos progresistas;

días conmovedores que siempre serán recordados como una época en la que ningún chamán con visión de futuro, ningún yuyuísta verdaderamente pensante, se rehusó a enfrentar el mal y a devolver sus propias obscenidades dentro de su boca fétida.

¿Hacer fuego con "otro método"? ¿Hacer fuego de cualquier modo, sin haber sido iniciado por el Gran Fetiche en una ceremonia de tal santidad que solo puede realizarse cuatro veces al año? ¿"Haz fuego cuando quieras"?

No los culparía si sus mentes se tambalearan ante el discurrir mismo de esta historia. Pero sin duda que no son las mentes conmovidas las que arreglarán el asunto. No, lo hará una lógica fría, un pensamiento tranquilo y eficaz, una refutación cuidadosa sobre argumentos sólidos.

Por lo tanto, examinemos con calma y lógica – así como desde una conciencia humana muy adecuada – estas afirmaciones indignantes y carentes de sentido, como seguramente nos deben parecer a la mayoría de nosotros.

La primera consecuencia de la absurdidad propuesta sería que toda la belleza, todo el misterio, todo lo moralmente aceptable, desaparecería de nuestras vidas. Del fuego, de la rareza y sublimidad de ese fuego por el que se han sacrificado vidas y por el cual la gente ha sufrido y por el que muchos más están preparados para soportar las mayores penurias, de la rareza y sublimidad del fuego dependen en última instancia todos los valores superiores. ¿Qué, en una palabra, es más sagrado que el fuego?

¿Qué sería del juramento encantador: "Si miento, que el fuego me castigue desde lo alto"? El fuego, en lugar de ser respetado, pronto llegaría a ser despreciado. Ya sin miedo al fuego, la gente mentiría, engañaría, mataría.

Si – llevando la credulidad hasta sus límites y planteando, como un ejercicio puramente hipotético, una situación sin sentido – el calor del fuego estuviera al alcance de todos,

¿cómo podrían valorarse, debido a su rareza, su estética nutritiva y su misericordia divinamente benevolente? Hoy la gente se gana y logra el derecho al fuego. Se lo dan, de los templos, como recompensa. Aquellos a los que – con razón – se les niega, están a nuestro alrededor, tristes y parloteándonos frías lecciones objetivas a todos nosotros... ya que, como castigo por el mal, tienen una muestra del castigo mayor del más allá.

Y aquí, queridos amigos, es muy posible que hayamos descubierto la motivación real y asombrosamente audaz del malvado Og. A medida que han pasado las generaciones, a más y más personas – y repito que con justa razón – se les ha negado el fuego. Naturalmente, no piensan en otra cosa. Y luego aparece Og. Y dice: "Puedo ganar poder sobre la gente mediante promesas. ¿Qué quieren ellos? Fuego. ¡Así que les prometeré fuego!"

¿No ves ahora cómo, de un solo golpe, Og puede atacar las raíces mismas de la civilización? Si promete fuego, los marginados harán cualquier cosa por él. Si de hecho *puede* lograrlo, destruirá la sociedad: no quedará nada por lo que vivir o morir. Si no puede hacerlo a través de sus secuaces podrá destruir a los creadores del fuego divino en cualquier momento que lo desee, por pura emoción y fanatismo.

Og dice que como sociedad somos conservadores, tímidos e hipócritas. ¿Es conservador ir más lejos en busca de bisontes salvajes? ¿Es tímido proteger los mejores sentimientos conocidos por el hombre? ¿Es hipócrita decir "Estás tratando de socavarnos y no ofreces ninguna alternativa que reemplace lo que te llevas"?

Convertir el fuego en esclavo en lugar de amo: para que sea una cuestión de encender y apagar; ¿cómo puede algo así ser bueno o conducir a alguna parte?

No, amigos míos, no me gusta Og. No me gusta su forma de hablar. No me gusta su apariencia. No creo que sea una coincidencia que sus antepasados procedieran de una tribu diferente. No le creo a Og, ni creo en nada de lo que sus seguidores dicen sobre él.

¿Puedes concebir un mundo en el que Og y los de su especie "usen el fuego", incendiando los bosques como si fueran el mismo dios del rayo?

¿Quieres una comunidad en la que los elementos más progresistas de la sociedad sean denominados cobardes y farsantes, sus valores atacados, sus objetivos declarados irrelevantes... y que encima a esto lo haga Og y los de su clase?

Y finalmente, en un tono más ligero, para que el absoluto absurdo de todo el asunto se vuelva evidente incluso para el más obtuso: ¿es Og un segundo Glug el Grande, para que todo el mundo lo escuche?

¿Ha participado Og en nuestras propias actividades progresistas, para que podamos confiar en él a través de sus opiniones y creencias? ¿Es respetado por alguien cuyas opiniones nosotros valoremos?

No, Og es claramente un enemigo. Y son siempre los enemigos más inteligentes y peligrosos los que se hacen pasar por benefactores.

Por lo tanto, que se difunda la convocatoria: "DETENGAN YA A OG..."

Cinco mil

UN HOMBRE LE dijo al guardián de la puerta de Alepo:

"He vivido durante veinte años en el Khanqah, el retiro del Maestro de la Era, en Turkestán.

El guardián preguntó: "¿Qué has aprendido?"

"No sé si he aprendido algo", dijo el otro hombre. "Mientras estaba allí, la gente iba y venía. Algunos fueron despedidos, muchos se decepcionaban. Finalmente me fui."

El Custodio dijo:

"Hay un gran Sufi viviendo justo al lado del pequeño mercado. Quizá él te dé un consejo."

El hombre del Turkestán fue al pequeño mercado, y cuando vio al gran Sufi exclamó:

"¿Eres un impostor? Porque no eres otro que el hombre que durante veinte años apareció regularmente en el Khanqah, ¡sembrando en mi mente dudas sobre mi Maestro!"

El Sufi sonrió y dijo:

"Uno de mis deberes es poner a prueba a los discípulos. ¿Qué mejor manera de hacerlo que haciéndome pasar por uno de ellos, refunfuñando e ilustrando su propia tosquedad?"

"¿Pero qué hay de los otros en ese Khanqah? ¿Todos mis compañeros discípulos eran realmente santos disfrazados?"

"La población de un Khanqah está compuesta de un modo tal que allí encontrarás a algunos ignorantes, a algunos iluminados que se comportan como ignorantes y a otros que no son ni lo uno ni lo otro.

"Solamente ves lo superficial. En tus dos décadas en el Khanqah, cinco mil de las personas que no hacían ruido –

muchas de las cuales ni siquiera miraste – o que no parecían importantes, recibieron su propia iluminación."

El hombre y el caracol

Un hombre vio una vez un caracol sentado en la grieta de una pared.

Él gritó:

"¡Hola caracol!"

Lo creas o no, ese caracol podía hablar y oír, y dijo:

"Hola. ¿Qué eres?"

El hombre dijo:

"Soy un ser humano."

"¿Eres como nosotros?", preguntó el caracol.

"En cierto modo, pero hay muchas cosas que podemos hacer y que tú no."

"Nómbralas."

"Bueno, por ejemplo, tú tienes ojos en los tentáculos. Nosotros tenemos tentáculos en el otro extremo, denominados piernas. Al final de las piernas tenemos pies. Al mover las piernas y los pies, podemos cubrir grandes distancias en muy poco tiempo."

"¡Eso suena bastante extraordinario! ¿Algo más?"

"Bueno, no tenemos caparazón. No lo necesitamos."

"¿No tienen caparazón? Supongo que es posible ... ¿Algo más?"

"Y podemos comunicarnos sin palabras, sin siquiera estar juntos. Nuestro método es tomar algo como, digamos, una hoja, hacer una marca en ella llamada escritura y enviarla por medio de otro ser humano. Ahora, mediante lo que se llama 'lectura', la persona que la recibe puede saber qué estaba pensando el 'escritor'."

El caracol dijo:

"El problema contigo, al igual que con todos los mentirosos, es que te pasas de la raya. Fingiendo creerte, te he atrapado en tu exageración. Pero si te animase aún más al no expresar la incredulidad natural de todos los seres racionales, sería un socio en tus mentiras pecaminosas."

El portero

SE LE PREGUNTÓ a un Sufi:

"¿Qué estás haciendo? A nosotros que queremos aprender de ti, no nos permites estudiar libros. No realizas rituales, te niegas a responder preguntas, no les prestas atención ni a los elogios ni a los reproches."

Dijo:

"Soy un portero. El portero se asegura de que la puerta esté abierta cuando debe estar abierta, y de que esté cerrada cuando debe estar cerrada. Permite la entrada de cualquier cosa o persona que deba entrar, y niega la entrada a lo que debe ser excluido.

"Si quieres que haga ruido, que 'dé un portazo', que cree un efecto, que luzca atuendos opulentos o pobres, que haga promesas o que discuta, que realice pantomimas, que acepte sobornos o que discuta en lugar de trabajar... no eres una persona que pueda tratar con el guardián de una puerta."

La carta de agradecimiento

SHAH SHARIF SHAH regresó de un banquete en la casa del entonces Primer Ministro del país de Roum.

Inmediatamente se sentó y dictó una carta al mejor calígrafo de la ciudad, repleta de cumplidos excesivos y halagos embarazosos.

Un pensador visitante dijo:

"¡Oh, Sharif! Si le envías esta carta al ministro, o bien sentirá asco por tu adulación – y nunca más te volverá a invitar a su mesa – o tendrá tanto temor de que el pueblo crea que fue influenciado por tus halagos, que nunca te ofrecerá un cargo importante en la Corte."

Sharif Shah sonrió y dijo:

"Lo has juzgado bien a él, y tu diagnóstico pone de relieve tu reputación como filósofo. Pero la evaluación que has hecho de mí parece haberse confundido con tus propias ambiciones. Por ende, deberías saber que es justamente porque deseo menos banquetes, y no más, y porque incluso estoy menos enamorado de la perspectiva de ocupar puestos en la corte, que he escrito la carta que acabas de escuchar."

El cuchillo

Un tonto, que había salido a caminar, vio algo que brillaba a la vera del camino. Deseando que fuera de plata, lo recogió; pero apenas era un cuchillo que se le había caído a alguien.

"Por engañarme así te tiraré al río, donde te oxidarás hasta morir", le gritó.

Pero era un cuchillo parlante, y trató de salvar su vida diciendo:

"Buen señor, ¿por qué no me llevas? Podría ser útil para cortar tu pan."

"¡Es muy improbable!", dijo el tonto, " pues también podrías servir para que algún otro me degollase."

El elixir

A UNO DE los grandes maestros Sufis se le preguntó:

"¿Cómo es posible comprender las enseñanzas de los Maestros, cuando gran parte de su comportamiento es paradójico y a menudo muy común?"

Él respondió:

"Las reglas generales y los enfoques hipotéticos bloquean la comprensión con la misma frecuencia con que la ayudan. Pero les contaré mi propia experiencia, porque los registros de experiencia son a menudo los mejores.

"Cuando era estudiante, me acerqué al más grande maestro de la época y le dije: 'Solamente puedo comportarme como un animal; accede a ayudarme a ser humano'. Él asintió con la cabeza y lo atendí en su casa durante dos años, esperando un signo de enseñanza. Pasado ese período de tiempo fui a ver a otro sabio y le pregunté cómo podía abordar a mi maestro para aprender de él.

"El sabio dijo: 'Buscas un elixir, y yo te daré uno. Toma este líquido incoloro y pon una gota en la comida de tu maestro una vez al día. Al mismo tiempo, asegúrate de servirle y hacer todo lo que él diga, sin realizar – por el momento – ningún intento de ver el significado de sus acciones o de engañarlo para que conversen.'

"Hice lo que me dijo, y después de un mes descubrí que estaba desarrollando percepciones y comprensión. Regresé al sabio y le dije: '¡Bendiciones sobre ti! Indudablemente el elixir funciona, pues estoy progresando y ahora puedo hacer cosas que antes me resultaban imposibles.'

"Él dijo: '¿Y es por eso que has venido?'

“Yo dije: ‘También he venido por un poco más del elixir mágico, porque se agotó la cantidad que me diste.’

“Él sonrió de inmediato y respondió: ‘Ahora puedes dejar de darle a tu maestro gotas de agua inerte – el *Elixir* – y continuar con el comportamiento especial que te receté’.”

El león

Érase una vez un león. Había nacido para ser un león y para transmitir la experiencia de león a los cachorros y a otros leones.

Pero algunos jejenes y moscas que lo rodeaban imaginaron que él estaba allí para su uso y diversión.

El león, moviendo la cabeza y agitando la cola, impidió que los insectos vivieran de él. Aunque se dispersaban cuando hacía algún movimiento, jamás aprendieron que debían dejarlo en paz y que al acosarlo estaban actuando por hábito e impulso, no reflexiva o eficazmente.

Un día murió el león. Proporcionó un lugar de esparcimiento para los insectos, y algunos de ellos vivieron durante bastante tiempo de su cadáver.

Los insectos pensaron que habían ganado la batalla, pues el león ya no les oponía resistencia. Para ellos, él era su propiedad. De hecho, los insectos pensantes construyeron un sistema de pensamiento para explicar qué era realmente el león, basándose en sus experiencias del cadáver.

Debido a que la voz del león había sido acallada por la naturaleza, ellos – y quienes los escucharon – supusieron que la versión de los insectos acerca de los objetivos y el valor de los leones era correcta.

Esta es una de las razones por las que tantos leones dejan cachorros. Verás, durante un período de tiempo suficientemente extenso, los insectos aprenderán a no molestar a los leones y también a ir a lugares donde puedan obtener comida con mayor facilidad, cosa que les conviene más que el cadáver de un león. Pues, en primer lugar, un león tarda demasiado en morir y su carne no dura para siempre.

Lo mismo ocurre con los maestros Sufis que son acosados por eruditos insignificantes.

El certificado

Un hombre había estado estudiando con un maestro Sufi durante varios años, habiendo sido enviado mediante una colecta realizada por los ciudadanos de su pueblo natal.

Cuando llegó el momento de su regreso, el maestro le entregó un certificado. En él estaba escrito:

"Certifico que este hombre ha ayunado constantemente, ha sufrido privaciones extraordinarias, ha realizado maravillas y debe ser respetado en todos los sentidos."

El discípulo dijo:

"¿Por qué emites un documento tan falso y engañoso?"

El maestro dijo:

"Los Sufis no son Sufis ni por su aspecto físico ni por la posesión de certificados. Pero intenta explicar eso a las personas que han pagado por la apariencia y los certificados. Aquellos que hicieron posible tu venida serían los primeros en insultarte y afirmar que has desperdiciado su dinero si no se les mostrara la evidencia de tu propia importancia."

Mucho queso para elegir

Dijo el ratón:

"He elegido que me guste el queso. Es obvio que no se puede arribar a semejante decisión importante sin gozar de un período lo suficientemente largo de cuidadosa deliberación. Uno no niega la inmediata e indefinible atracción estética de la sustancia. Sin embargo, esto en sí mismo solo es posible para el tipo más refinado de individuo; como ejemplo, el zorro bruto carece incluso del refinamiento sensitivo para acercarse al queso.

"Otros factores en la elección no son menos susceptibles de análisis racional: que es, por supuesto, como debe ser.

"El color atractivo, la textura apropiada, el peso adecuado, las formas interesantes, la multiplicidad de lugares en que se lo encuentra, la facilidad razonable de digestión, la abundancia comparativa de la variedad en el contenido nutricional, la disponibilidad inmediata, la considerable facilidad de transporte, la ausencia total de efectos secundarios: estos y otros cien factores fácilmente definidos prueban abundantemente mi buen sentido y profunda percepción, ejercidos conscientemente en la realización de esta sabia y deliberada elección."

Mano oculta

JAN FISHAN KHAN fue durante una época frecuentemente censurado en los sermones de cierto Mulá de Kandahar. Pidió informes de las predicaciones de este y las estudió, pero no dijo nada públicamente.

Varios meses después de este incidente, un viajero que llegaba de Mazar – un tal Abdul-Qadir Beg, que escribió al respecto en sus memorias – dijo:

"Hasta hace poco tiempo el Mulá Sifri predicaba en contra de ti y ahora, me han dicho, ya no te nombra en absoluto. ¿Has cambiado tu forma de ser o es magia? ¿Qué alquimia, qué talismán puedes haber usado?"

Jan Fishan Khan, según dice Abdul-Qadir, respondió:

"Si prometes no decírselo a nadie hasta que el Mulá deje de existir, te lo confiaré.

"Estudié sus discursos y vi que se contradecía. Por ejemplo, se oponía a mis actividades administrativas con el argumento de que me llamaban místico, y a mis actividades Sufis basándose en que me llamaban Khan. Entonces el remedio fue simple.

"Hice arreglos, de forma anónima y a través de un mercader amigo en la Ciudad del Manto del Profeta, que el Mulá fuera nombrado Consejero de los Comerciantes de Kandahar. Dado que ahora tiene una ocupación real, ya no tiene que dedicarse a hacer ruido para llamar la atención."

Ciudad de tormentas

Érase una vez una ciudad. Se parecía mucho a cualquier otra ciudad, excepto que estaba casi permanentemente envuelta en tormentas.

La gente que vivía en ella amaba su ciudad. Por supuesto, se habían adaptado a su clima. Vivir en medio de las tormentas significaba que durante la mayor parte del tiempo no notaban ni los truenos ni los relámpagos ni la lluvia.

Si alguien señalaba el clima, pensaban que estaba siendo grosero o aburrido. Después de todo, vivir entre tormentas era inherente a la existencia misma, ¿no? La vida siguió así durante muchos siglos.

Esto habría estado muy bien, excepto por un detalle: la gente no se había adaptado completamente a un clima de tormenta. El resultado fue que tenían miedo, estaban inquietos y frecuentemente agitados.

Dado que nunca habían visto otro tipo de lugar, las ciudades o países sin tormentas pertenecían al folclore o a los balbuceos de los lunáticos.

Había dos recetas probadas que les hacían olvidar, por un tiempo, sus tensiones: hacer cambios y obsesionarse con lo que tenían. En cualquier punto de su historia, algunos sectores de la población tenían su atención puesta en el cambio y otros en algún tipo de posesiones. Entonces los infelices eran aquellos que no hacían ni una cosa ni la otra.

Llovía a cántaros, pero nadie hacía nada al respecto porque no era un problema reconocido. La humedad era un inconveniente, pero nadie la relacionaba con la lluvia. Los relámpagos provocaban incendios, lo cual era un problema, pero estos eran considerados como eventos individuales sin una causa consistente.

Puede que te parezca notable que tanta gente supiera tan poco durante tanto tiempo.

Pero entonces tendemos a olvidar que históri-camente, en comparación con la información actual, la mayoría de la gente no sabía casi nada sobre casi todo: e incluso que el conocimiento contemporáneo se modifica a diario... dado que continuamente se demuestra que este también puede ser erróneo.

Gente

En el Libro de Amu Daria se relata que un exabogado, un erudito jurisconsulto que se había unido a Bahaudín Naqshband, le preguntó:

"Tú sabes todo sobre dogma y exegética; pareces saber todo sobre la teoría y lo que está en los libros. ¿Cómo logras tener todo este conocimiento cuando ni los académicos ni los dogmáticos lo tienen tan bien desarrollado?"

"Bueno, solamente puedo decir que aprendí mucho más sobre el dogma de fuentes que nada tuvieron que ver con libros ni con discusiones e incluso con disertaciones", dijo Bahaudín.

"¿Cuáles podrían ser esas fuentes?"

"Sobre el dogma y la erudición aprendí estudiando a la gente."

Qué evitar

Dos dignos ciudadanos de la Tierra de los Tontos estaban hablando entre sí.

"¿Sabes que cada vez que leo las tablas de multiplicar, mi cabeza comienza a dar vueltas?", dijo el primero.

"¡Pero esto es increíble!" gritó el segundo, "porque lo mismo me pasa a mí cuando corro cualquier distancia."

Incapaz de ver una explicación común para los dos acontecimientos, llevaron sus experiencias al Hombre Más Sabio de la Tierra.

El Más Sabio dijo:

"Es obvio que tanto los números como el correr fueron inventados por una persona nefasta, y su influencia aún persiste en ellos; por lo tanto... ¡eviten ambas!"

Postura

ANWAR ABBASI ERA un hombre de hábitos tan regulares que la gente decía:

"Puede que el sol no salga, pero Anwar siempre será confiable."

Cuando un día se le informó de esto, comenzó a volverse extremadamente errático. Como nadie podía entender la razón, las opiniones estaban divididas; pero muchos llegaron a la conclusión de que seguramente Abbasi debería estar sufriendo algún malestar.

Entonces, tan repentinamente como había sucedido su reciente cambio, retomó su comportamiento anterior. Alguien le preguntó, con la mayor delicadeza posible, el propósito de su conducta.

Él dijo:

"Me alegro de que haya alguien como tú que crea que tengo una razón. Recuerda que tengo muchos estudiantes. Si no pongo a prueba su fe en mí, abandonando toda exhibición externa, no seré mejor que un sacerdote o cualquier otra persona a la que se le enseñe a callar o que está adiestrada para no hacer ruido alguno. Un sacerdote es aquel que solamente logra sus éxitos mediante la apariencia exterior y su comportamiento, aunque todos atribuyan sus logros a otras cosas. Si quieres saber si esto es en beneficio de la humanidad, observa a quienes son influidos por la conducta externa; observa a quienes han dado pie para que existan sacerdotes."

El asesino

Como sabrán, hay muchos tipos de bacterias. Algunas son útiles: nos ayudan a digerir nuestra comida; otras, que no tienen una función discernible, son bastante inofensivas. Y algunas, por supuesto, causan enfermedades.

Un día, cierto bicho peligroso fue repentinamente atacado por otro y murió. Una inofensiva bacteria que estaba cerca exclamó:

"¡Asesino! ¡Este germen no le había hecho daño a nadie, y sin embargo lo asesinaste vilmente!"

El asesino dijo:

"Si se le hubiera permitido vivir, atacar a la humanidad o incluso a los animales, habría hecho un gran daño; tal vez habría estimulado la acción antibacteriana; podría habernos privado de nuestro tejido huésped."

El microorganismo ofendido resopló:

"Conozco a los de tu calaña. Te adjudicas un mayor derecho a disponer de vidas ajenas debido a tu fingida iluminación. Te arrogas una licencia en nombre del conocimiento. No tengo ninguna duda de que estás planeando matarme a continuación."

"Te ruego que a través de este instrumento dirijas tu atención hacia toda una congregación de tus amigos, atacando realmente a un ser humano al que ellos están planeando destruir en nombre de la legalidad de un festín para todos", dijo el otro.

"¿Crees que no tengo nada mejor que hacer," preguntó el idealista ofendido, "que obedecer tus órdenes y quedar atrapado en un curso de acción que podría conducir a mi propia destrucción?"

Sin embargo, todo lo que el teórico moralista ha logrado hacer es enseñar a las bacterias "destructivas" a guardarse sus opiniones. Pero ninguna de las partes puede entender realmente a la otra.

Mago

Cierto Sufi se alojó en un caravasar cercano a una aldea no muy alejada de Jalalabad, en Afganistán.

Los aldeanos tenían el hábito de contarles a todos los recién llegados sobre Sahir, el peligroso mago de la localidad.

"Debe de ser el hechicero más peligroso de todo el mundo", decían.

Unos pocos días después de haber escuchado esto por decimoquinta vez, el Sufi convocó a todos los que habitaban la campiña circundante a una reunión. Dijo:

"¡Oh gente! El chisme y la imaginación enervan la mente. Ahora les ilustraré cómo su propio amor por la cháchara ha provocado que malinterpreten a Sahir.

"Dicen que debe de ser el mago más peligroso del mundo, ¿no es así?"

"Sí, aunque como viajero que eres, admitimos que acaso hayas oído hablar de uno peor."

"Vuestro mago, más allá de que yo haya oído o no hablar de uno peor, es obviamente mucho menos peligroso que al menos otra categoría de magos."

"Es mucho más probable que el peor mago del mundo sea el mismo que no los asustaría en absoluto."

"Pero ¿qué clase de mago no nos asustaría?", clamó la gente.

"Uno exitoso, uno real. Él tendría el poder de hacer su voluntad, y aun así les parecería un hombre honorable. Es solo el mago que no tiene poder quien necesita asegurarse de que le teman."

Información para visitantes

Los viajeros que lleguen a este planeta se alegrarán de saber que hay un sistema establecido para localizar información y definiciones que ayuda a aclarar problemas desconcertantes.

El sistema se denomina Diccionarios.

Es cierto que se han observado pequeñas dificultades.

Un visitante, tratando de entender esta cosa llamada humanidad, descubrió que según los diccionarios:

HUMANO significa "relativo al hombre o la humanidad"; HOMBRE significa "humanidad" o "un ser humano"; HUMANIDAD significa "hombre o ser humano".

No hay mal que por bien no venga. Este visitante sacó sus propias conclusiones sobre lo que todo esto significaba realmente; y en ello basó su conducta.

Cuando la gente le preguntaba qué era él, decía:

"UN CLERP."

Cuando (al no encontrarlo en sus diccionarios) le preguntaban qué era eso, comentaba:

"Es un GLOMP."

Y funcionó tal como esperaba. Un tercio de la gente pensó que era loco, aunque inofensivo, y no tuvo ningún tipo de problemas con ellos.

Otro tercio creía que estaba tramando algo y que debía ser deshonesto, y por ende lo condenaban o ignoraban, de modo que tampoco tuvo problemas con ellos.

El resto creía que era un santo.

Como nadie sabía quién o qué era realmente, pudo llevar a cabo su trabajo científico con pocas interrupciones.

Guepardos y awartos

CIERTO HOMBRE LEYÓ muchos libros sobre el camino Sufi; después de algún tiempo se dijo a sí mismo:

"Esta lectura es inútil. Debo encontrar a alguien que pueda enseñarme mediante métodos directos."

Entonces se presentó ante el hombre que, según le habían dicho, era el Maestro de la Era, generalmente conocido como Gilgun.

Gilgun lo recibió amablemente, preguntándole por qué había venido sin escribirle primero.

"Estoy cansado de leer y escribir, quiero algo real", dijo el estudiante.

"Muy bien", dijo Gilgun. "Te mostraré la relación de la realidad con la realidad relativa."

Ordenó que se trajera un guepardo a la habitación. Cuando apareció, dijo:

"¿Por qué no temes a este animal?"

El estudiante dijo:

"He leído que los guepardos son inofensivos para los humanos."

"Debes saber", dijo Gilgun, "que el otro día aquí tuvimos un hombre que no tenía esta información. Cuando el guepardo entró, huyó alarmado. Fue una pena, porque ello le impidió disfrutar de las ventajas de los guepardos. Por lo tanto la lectura te ha sido de utilidad, estés o no cansado de ella."

Luego Gilgun agregó:

"¿Has leído alguna vez sobre los Awarto?"

“No”, dijo el otro hombre. “No tengo ni idea de lo que podría ser un ‘Awarto’.”

“Llama al ‘Awarto’, dijo Gilgun.

En ese momento ingresó al salón una espantosa aparición con forma de hombre, pero cubierto con rayas de colores y una cabeza temible. El aspirante a discípulo se acurrucó en un rincón, aterrorizado.

“Permitan que este hombre se vaya, y nunca más vuelvan a admitirlo ante mi presencia”, instruyó el Maestro de la Era, “pues aunque ansíe la experiencia real, es incapaz de discernir que un ‘Awarto’ es el nombre para describir a un hombre con el cuerpo pintado y una máscara puesta.”

Investigación de hormiga

CIERTO ESTUDIOSO PASÓ toda una vida de experimentación antes de poder comunicarse con una hormiga. El insecto que finalmente encontró era uno muy sabio y anciano; pero, a riesgo de causarle dolor, el erudito dijo:

"Nuestra especie es inconmensurablemente superior a la tuya. Los estudiamos, y sin embargo no pueden ni siquiera empezar a observarnos."

La hormiga dijo:

"Si tú, pobre hombre, solamente supieras lo que pasó ayer, entenderías el hoy y estarías preparado para el mañana."

El erudito se confesó confundido por tales declaraciones, y entonces la hormiga continuó:

"Hace millones de años las hormigas entendimos lo que iba a suceder en esta tierra. Sabíamos que tu especie vendría y arruinaría casi todo. Así que hicimos la única cosa disponible a los seres inteligentes con información completa. Destruimos los datos y prohibimos la cría de hormigas que comprenderían, organizándonos en colonias especiales.

"De vez en cuando tenemos un retroceso: una hormiga que puede ver nuestro miserable e irreversible destino. Pero un sinnúmero de hormigas descuidadas son felices; y lo serán, hasta que llegue nuestro momento.

"Esa es la solución para las hormigas. Ustedes los humanos, por otro lado, ni siquiera han llegado a la etapa en la que podrían saber lo que acaso les pudiere ocurrir... y si hay algo que se pueda hacer al respecto."

Deber

Se le preguntó a cierto Sufi:

"La gente viene en busca de compañía, discursos y enseñanza. Sin embargo, tú los sumerges en actividades. ¿Por qué es así?"

Dijo:

"Aunque ellos – y tú – crean que vienen buscando iluminación, lo que principalmente desean es dedicarse a algo. Yo les doy actividades, para que se den cuenta de las limitaciones del estar ocupados con algo como medio de aprendizaje.

"Los que se comprometen totalmente son aquellos que solo persiguen las actividades, y que no podrán beneficiarse de la autoobservación mientras estén tan inútilmente ocupados. Por lo tanto, quienes se iluminan no son los que respetan profundamente la actividad."

El interrogador dijo:

"Entonces ¿quién es el que se ilumina?"

El Sufi respondió:

"Los iluminados son aquellos que realizan sus tareas adecuadamente, dándose cuenta de que hay algo más allá."

"Pero ¿cómo ha de alcanzarse ese 'algo más allá'?"

"Aquellos que se desempeñan adecuadamente siempre lo alcanzan. No necesitan más instrucción. Si estuvieses cumpliendo tu deber adecuadamente, y no fueras negligente ni te apegaras a ello como un fanático, no habrías tenido que hacer la pregunta."

El hombre clave

Un general que cabalgaba a través del país se separó de sus escoltas y finalmente llegó a un pequeño poblado, completamente desorientado.

Los aldeanos se reunieron a su alrededor y él comenzó a darles órdenes. Les pidió que alimentaran a su caballo pero no reaccionaron en absoluto. Pidió un establo, agua, mantas, y nadie se movió.

"Si no me obedecen inmediatamente, los castigaré con el mayor rigor", gritó el general.

El jefe de la aldea dijo: "No me parece que seas muy fuerte, ¿cómo piensas hacernos algo? ¿Cómo podrías?"

"No se trata de que yo haga nada", gritó el enfurecido general, "se trata de la cadena de mando."

"¿Y qué es la cadena de mando?"

"Bueno, yo doy la orden al coronel y él se la pasa al comandante, y él al capitán, y él al teniente, y él al sargento, que trae un escuadrón de hombres. Los colocan de espaldas a una pared y los fusilan... ¡Puf!, en un santiamén."

"Ahora nos estamos entendiendo", dijo el jefe de la aldea. "Este sargento debe ser un hombre poderoso. Hasta ahora solo te hemos visto a ti. Si desde el primer momento hubiésemos tratado con el sargento, ya nos habríamos entendido."

Cargas

Se les preguntó a tres derviches por qué se oponían a cierto clérigo cuyo discurso estaba lleno de términos técnicos y que constantemente lanzaba especulaciones e interpretaciones.

"Es cierto que arrastra todo el cuerpo del asunto al festín," dijo el Primer Derviche, "pero ¿quién se come un cadáver entero sin riesgo?"

"Es como el hombre de la fábula. Demasiado temeroso de no 'vigilar la puerta' tal como se le ordenó, la llevaba sobre la espalda... y los ladrones entraron en la casa," dijo el Segundo Derviche.

"Dado que codicia tanto el conocimiento, tiene miedo de que otras personas lo obtengan. Esta es una carga que lo hace infeliz", dijo el Tercer Derviche. "Si es infeliz, hace que otros se sientan ansiosos."

El tigre más sabio

UN HOMBRE PASÓ años de su vida aprendiendo el lenguaje de los tigres. Luego hizo minuciosas averiguaciones para encontrar al más sabio de todos los tigres, pues generalmente aquellos a los cuales les hablaba no eran – a su juicio – muy inteligentes.

Cuando logró ver al tigre más sabio decidió hacerle algunas preguntas. "¿Qué es el barro?" preguntó.

"Barro", dijo el tigre más sabio, "recubre tus pies y te hace cosquillas cuando se seca."

"¿Y qué pasa en los arbustos?"

"Los usamos para ocultarnos. A veces, también, se interponen en el camino de nuestros bigotes."

"¿Cuál es la mayor discapacidad del hombre?"

"No tener garras."

El hombre decidió que los tigres eran poco interesantes y siguió su camino un poco cabizbajo.

Poco después un guepardo se acercó al tigre. "¿Qué estaba haciendo ese hombre, hablando contigo?" preguntó.

"Oh, era un estúpido", dijo el tigre más sabio, "que hablaba tantas tonterías que lo traté como a un simplón."

El departamento equivocado

Un estudiante interrumpió a un Sufi que estaba recitando cuentos ilustrativos de los maestros del pasado, y dijo:

"Intervengo en este punto porque necesito información y te pido que satisfagas esta necesidad, aunque pueda estar en contra del comportamiento de la asamblea e incluso en conflicto con la conducta requerida para la audición."

El Sufi dijo:

"Estamos dispuestos a escucharte, aunque algo planteado de esta manera es poco probable que te beneficie a ti o a nosotros. Sin embargo, si tu necesidad es de interrumpir, interrúmpenos."

El estudiante agradeció al Sufi y continuó:

"Mi pregunta es que constantemente oímos hablar de la perfección de los atributos de los maestros del pasado e ilustraciones de la sabiduría y excelencia de los Sufis. ¿No podríamos escuchar algo de sus defectos y las ocasiones en que no fueron capaces de lograr lo que deseaban, para así poder establecer una especie de equilibrio acerca de este tema?"

El Sufi dijo:

"Los verduleros no almacenan manzanas podridas: las tiran. Las personas que acuden a un doctor para ver a sus pacientes muertos, tienen que ser enviados al cementerio. Si deseas inspeccionar los tachos de basura de este mundo, tendrás que encontrar algún carroñero que te los señale; y no siempre aprendemos acerca de las líneas rectas mirando a las torcidas: porque el mundo ya está lleno de líneas torcidas;

el estudiante solamente tiene que tratar de dibujar una línea recta para descubrir que tales materiales ya están allí... dentro de sí mismo.

"Tu pregunta es una de las más antiguas del mundo. Fue en respuesta a ella que se proporcionó por primera vez la fórmula: 'Si quieres ver una línea torcida... no busques una regla'."

Expectativas

UNO DE LOS Sheikhs más eminentes dijo:

"Yo siempre solía causar grandes decepciones a cuantos acudían a mí para que los aceptase como discípulos: no me presentaba a las horas designadas para las disertaciones, era holgazán y olvidadizo. Cuando prometía demostrar un ejercicio o impartir un secreto, por lo general no lo hacía.

"Ahora, primero examina el efecto si yo hubiera respondido a las expectativas del discípulo. Se hubiese sentido tan satisfecho de sí mismo por habérsele provisto de algo que los demás carecían, que este placer le habría henchido su orgullo.

"Es solo mediante la experiencia de la decepción que una persona puede registrar sus efectos sobre sí misma. La decepción no puede existir sin expectativa. En el camino Sufi, ninguna expectativa es exacta. 'El damasco esperado nunca es tan dulce cuando llega a la boca'."

Sabiduría personal

"No quiero ser un hombre", dijo una serpiente.

"Si fuera un hombre, ¿quién juntaría nueces para mí?" preguntó la ardilla.

"La gente", dijo la rata, "tiene dientes tan débiles que apenas podrían roer."

"En lo referido a la velocidad, y si encima se los compara conmigo… no pueden correr para nada", dijo un burro.

¿Cómo puede significar algo?

Un grupo de comerciantes le preguntó a cierto discípulo:

"¿Cómo pueden estas tonterías Sufis significar algo para ti?"

Él contestó:

"Porque significa todo para aquellos a quienes respeto."

Economía

COMO SU ÓMNIBUS avanzaba muy despacio, un hombre decidió seguir a pie hasta su casa.

En el camino se encontró con otro hombre: un ciudadano de la Tierra de los Tontos.

"¡Eh, tontolandés!", exclamó. "Me estoy ahorrando diez pesos al caminar detrás de ese ómnibus, en vez de viajar en él."

"Eres un idiota derrochador", respondió inmediatamente el tontolandés.

"¿Por qué?"

"Ya que has descubierto la manera de hacer semejante ahorro, ¡podrías haber caminado detrás de un taxi y te hubieras ahorrado diez veces más dinero!"

Dos peregrinos

DOS PEREGRINOS ESTABAN conversando. El primero dijo:

"Acabo de estar en la casa del gran Sufi de tal y tal lugar."

"¿Cómo hiciste para encontrarla, y cómo supiste que era un hombre de semejante grandeza?" preguntó el otro.

"Me llegó información fidedigna de que a la larga todos sus seguidores se convirtieron en hombres completos, que incluso su ira era una bendición y que podía elevarse milagrosamente por los aires. Y que su casa se destacaba por tener un ciprés frente a ella."

"Y ¿resultó ser tal como te lo habían descrito?", preguntó el segundo peregrino.

"No."

"¿Qué pasó?"

"Cuando llegué a la casa vi que el árbol había muerto. Así que me dije a mí mismo: 'El que no aprende de las señales es un tonto. ¿Por qué desperdiciar más esfuerzos?' Y fue así que me lancé a viajar nuevamente."

Servicio

"¿Cómo puede uno brindar siquiera el mínimo servicio para ayudar a la Enseñanza?", preguntó un buscador a un conocido Sufi.

"Ya lo has hecho", dijo, "porque preguntar cómo servir ya es una contribución al servicio."

El niño y el lobo

Soñé que estaba teniendo una conversación con un lobo. Dije:

"Ustedes los lobos son famosos entre nosotros los humanos, y tenemos muchas historias en las cuales figuran."

El lobo dijo:

"Qué interesante. ¿Qué clase de cuentos?"

Así que le conté la fábula de 'Pedro y el lobo'.

"Es gracioso", dijo el lobo, "que no tengamos esa historia. Pero hay una con los mismos personajes principales. Se llama 'El lobo mentiroso' o 'El lobo y Pedro'; pero debes haberla escuchado."

"Me temo que no", dije, y entonces el lobo lo narró:

"Érase una vez un lobo. Llegó a conocer a un niño que también era cazador de lobos. Tan pronto como se dio cuenta del peligro que significaba un humano que además cazaba, el lobo corrió de una manada a otra gritando '¡Niño! ¡Niño!'

"Pero dado que los lobos no tenían idea de que lo era un niño, y poca noción acerca de los cazadores de lobos, no le prestaron atención. Y algunos de nosotros decimos que es justamente porque en general los lobos son tan tontos que la gente – y a veces incluso los niños – pueden cazarlos."

"Pero seguramente si tienes una fábula como esa, servirá para advertir a todos los lobos de que existen tales peligros y hacerlos más cuidadosos", dije yo.

"Puedo ver", dijo el lobo, "que algunos de ustedes humanos no son mucho más inteligentes que el lobo común y corriente. Como nosotros, parece que imaginan que los cuentos advertirán e instruirán. Pero no notan que la instrucción suele llegar a través del reconocimiento después del evento, en lugar de antes de él. Además los lobos – no sé cómo será en los seres humanos – siempre consideran que las fábulas se refieren a otros, no a ellos mismos."

Fue este horrible pensamiento el que me despertó. Pero afortunadamente el lobo había desaparecido.

Literatura

DIJO IBN YUSUF:

"Eran tantos los que solían venir a verme con libros que habían leído, queriendo que yo los interpretara; o con libros que habían escrito, deseando mis opiniones; o con libros de otras clases... que yo ya no daba para más.

"Acudí a un médico, que además era sabio, y le dije: 'Dame algún remedio para este problema.'

"El médico me dio otro libro más. Este era para mostrárselo a los lectores de libros. Dentro contenía una sola frase:

EL TIEMPO PERDIDO EN LEER ESTA ORACIÓN PODRÍA EMPLEARSE MÁS PROVECHOSAMENTE DE CASI CUALQUIER OTRA MANERA."

La leyenda del ruiseñor

Se cuenta de un hombre que vivía en un país donde no había pájaros.

Viajó a otra tierra y allí vio a un ruiseñor, con quien pasó un tiempo en compañía.

"Iré a casa y les contaré a todos acerca de esta maravilla, y de cómo sus vidas pueden enriquecerse", dijo.

"Cualquiera que haya aprendido nuestro secreto", dijo el ruiseñor, "tendrá que sufrir la incredulidad de casi todos los demás. Puede que incluso tenga que soportar algo peor."

Pero el hombre no hizo caso. Regresó a casa y les dijo a sus compatriotas:

"Puedo hacer música."

Pero esa gente nunca había oído música, y es por ello que sonaba duro y desagradable para sus oídos.

"¡Basta!" gritaron, "porque esto ofende profundamente nuestro sentido estético." Le preguntaron dónde había aprendido un arte tan repugnante, tan fuera de tono con lo que ellos consideraban apropiado y placentero.

"En un país lejano; y para colmo lo aprendí de un ruiseñor, un pájaro cantor."

No tardaron en ahorcarlo, porque aunque hubiera ruiseñores (y todo el mundo sabía que los pájaros eran seres imaginarios) esta música era obviamente algo desagradable.

Mas afortunadamente este no es un cuento sobre nosotros, sino acerca de esos estúpidos de La Tierra de los Tontos.

Sentidos internos

Se le preguntó a cierto Sufi:

"¿A qué se debe que la gente no tenga sentidos internos?"

Dijo:

"¡Oh, hombre de gran promesa! Si no tuvieran sentidos internos, ni siquiera parecerían ser personas en absoluto. Cuando la gente carece de sentido interno, se comporta de una manera completamente destructiva o totalmente pasiva. Ser consciente de un sentido interno… eso es otra cosa."

Granos

AL POLLO SE le cumplió su deseo, y se transformó mágicamente en un zorro.

Entonces descubrió que no podía digerir los granos.

Equivocaciones

Se le preguntó a cierto Sufi:

"¿Por qué aquel derviche comete tantos errores?"

Él contestó:

"Si no cometiera errores, sería idolatrado o ignorado. Comete errores para que la gente pregunte: '¿Por qué hace lo que hace?'."

"Pero ¿cuál es la ventaja de eso, especialmente dado que él no ofrece explicaciones?"

"La ventaja es que la gente pueda llegar a ver aquello que está detrás de él, y no al hombre mismo tal como ellos imaginan que es."

Comportamiento mixto

ESTUVE PRESENTE CUANDO un visitante pidió permiso para hacer una pregunta, y Rais-i-Kabir accedió.

El visitante comentó:

"Lo que he oído de ti no me da confianza en ti. Comportándote de forma exagerada, haces que la gente se sienta incómoda contigo. Incluso tus amigos confiesan que no saben cómo defenderte. Sean cuales fueren tus éxitos, tu nombre no será recordado si tu conducta continúa siendo tan mixta."

El Rais dijo:

"Querido amigo, uno de los propósitos del comportamiento mixto es que la gente se dé cuenta de lo fácil que este los afecta. Una persona que se ve afectada por mi sonrisa o mi ceño fruncido es como una pelota de polo que luego de ser golpeada va de aquí para allá, independientemente de su propio carácter.

"El comportamiento exagerado que incomoda a la gente no dice nada sobre quien así se comporta... pero lo dice todo sobre quien se siente incómodo. Cuando la defensa es necesaria para el defendido, los amigos que están buscando defenderlo favorecen los intereses de dicha persona. Cuando el acto de defender es necesario para el amigo defensor, entonces el amigo está actuando por sí mismo y no por la persona a la que está defendiendo."

El visitante dijo:

"Esto me ha descorrido un velo y, agradecido, pido tu perdón. ¿Pero cuánta gente conocerá estas verdades, y cuán pocos las aprenderán?"

Rais-i-Kabir dijo:

"Si solo una persona las conoce, el conocimiento sigue estando representado entre los humanos. Y si se conserva para que sea universal en un tiempo futuro, ¿no es esto en sí mismo una gran bondad?"

Recitó este pasaje:

A un hombre que con un saco de granos vadeaba en tierra anegada se le dijo:
"¡Deja esa carga inútil y sálvate!"
Él respondió: "Si pierdo lo que es inútil
ahora pero que será esencial en el futuro,
¡no tendrá valor que me salve a mí mismo!"

Dificultad

UNO DE LOS ancianos Sufis declaró:

"Las personas más difíciles de enseñar pertenecen a tres tipos: las que están encantadas de haber logrado algo; aquellas que, después de aprender algo, están deprimidas por no haberlo sabido antes; las que están tan ansiosas por sentir el progreso que dejan de ser sensibles al progreso."

La mayor vanidad

Abu Halim Farfar dijo:

"La mayor vanidad es creer que uno es sincero en la búsqueda del conocimiento, cuando en realidad solamente busca el placer personal."

"Pero ¿cómo puede una persona saber si es víctima de esta enfermedad?", preguntó uno de los presentes.

Farfar dijo:

"No es víctima de esta enfermedad si se contenta con la atención que le brinda el Maestro; y si no se agita si no la recibe en absoluto; y si no se perturba al ver que otros reciben atención del Maestro y valora incluso una palabra o un signo del Maestro por lo que realmente vale... como si fuera el único destinatario de un valioso tesoro oculto."

Enseñanza secreta

Se le preguntó a un maestro Sufi:

"Si bien tus creencias y escuela son conocidas, tus enseñanzas son secretas, las impartes solamente a quienes tú deseas y a nadie se le permite estar presente como observador en tus reuniones; a diferencia de las prácticas de los filósofos, que de hecho permiten a oyentes de todo tipo. ¿Cuál es la explicación de esto?"

El maestro dijo:

"¡Luz de mis ojos! La enseñanza es como la caridad: se debe dar secretamente pues su exhibición pública es mala para el dador, para el destinatario y para el observador. La enseñanza es como una nutrición, y sus efectos no son visibles en el momento en que se da; por lo que no tiene sentido que haya un observador, excepto para que vea el fruto de la nutrición. La enseñanza, una vez más, no debe ser considerada como separada de las circunstancias en las que se da. Por lo tanto, si hay observadores, su presencia cambia las circunstancias y por ende también el efecto de la enseñanza. Si el efecto de la presencia de un público aumentara el efecto beneficioso de la enseñanza, entonces yo y todos los demás habríamos acogido y exigido dicho público. En cuarto lugar, la enseñanza varía con la sentencia Sufi sobre la necesidad de 'el momento apropiado, el lugar adecuado, la gente correcta'. Incluso el pedir información sobre el conocimiento es como arrojar un cadáver al agua dulce: puede que la intención sea buena, pero el resultado será nocivo."

El inquiridor dijo:

"Entiendo lo que dices, pero quiero señalar que esta no es

la forma en que se lleva a cabo la enseñanza corriente."

El maestro respondió:

"¡Dios permita que la enseñanza corriente pueda algún día ser llevada a cabo de esta manera! ¡Cuando eso suceda, no tendremos necesidad de ver ninguna división entre la enseñanza Sufi y la otra!"

Trabajando juntos

Alguien le preguntó a Ajmal ibn Arif:

"¿Puedes darme un ejemplo de 'cosas que en apariencia son opuestas pero que realmente trabajan de forma conjunta'?"

Ajmal dijo:

"La persona que denuncia a los verdaderos Sufis parece estar oponiéndose a ellos. Pero puede, sin darse cuenta, estar trabajando con ellos; porque está atrayendo indeseables hacia sí mismo y no puede realmente evitar que gente valiosa escuche a los verdaderos Sufis."

"Pero ¿no está sembrando dudas en los corazones de la gente buena e indisponiéndolas contra los verdaderos Sufis?", continuó el interrogador.

Ajmal contestó:

"La duda solo puede sembrarse allí donde ella preexiste. Los corazones de la gente buena no son lugares donde pueda sembrarse la semilla de la oposición a los verdaderos Sufis."

Una casa cuya llave se ha perdido

LE PREGUNTARON A un gran Sufi:

"¿Cuál es el símil de seguir las prácticas dadas por los antiguos en nuestra situación actual?"

El Sufi dijo:

"Es como estar en una casa cuya llave se ha perdido. Puede que haya que llamar a un cerrajero. O se asemeja a comer la raíz, cuando el fruto y la semilla han perecido.

"Y es también como mirar una granja e imaginar desde la ignorancia que el camino que conduce a ella, y el vertedero y el pozo – todas cosas necesarias – son el funcionamiento en sí, como si ellos mismos fueran un cultivo y un ser."

Hali en conversación con un inquiridor

"¿Es un humano peor que un escorpión?"

"Infinitamente. Todo el mundo sabe que un escorpión tiene un aguijón. Pero el aguijón de un hombre puede consistir en palabras aparentemente justas. Tienes que conocer muy bien a un humano antes de saber si sus palabras son aguijones. ¿Qué tan bien necesitas conocer a un escorpión?"

Las prácticas

Un hombre llamado Khalil dijo:

"Esperé durante años para que me permitieran participar en las ceremonias, la danza sagrada, incluso en los recitales musicales de los derviches. Pero Arif Anwar, el Murshid (Guía), nunca me lo permitió. Soy conocido como un sabio, pero nunca he estado realmente en la Escuela."

Afifi, que era el sucesor del Murshid Anwar, le dijo:

"Fue por compasión hacia el hombre, y por amor a ti, que el Arif te protegió de estas cosas."

Preguntó Khalil:

"¿Qué 'protección' puede haber en que se le niegue a uno la compañía de los elegidos? ¿Cómo puede ser 'amor' el ser excluido de aquellas cosas que solo los enemigos del Camino desacreditan?"

Afifi respondió:

"Confundes los caprichos del exhibicionista, la autocomplacencia del esteta y el autoengaño de quien se cree discípulo y de aquel que imagina ser el maestro, con el Camino a la Verdad que brinda la enseñanza. Ningún maestro excluirá a nadie de nada para lo que esté capacitado; aunque puede que posponga su participación, como sucede con los burros cercados lejos de las zanahorias. Para la gente que no está preparada, la compañía de los elegidos se convierte en una carga que no pueden soportar. Como un hombre sediento, cuanto más lo desean menos pueden soportarlo.

"Es una bondad celestial que permite que abunden los 'imitadores sinceros'. Forman grupos y se contentan con la imitación. El hombre no regenerado que asiste a las Prácticas

Verdaderas, en presencia de un Maestro Verdadero, será hecho añicos. Anwar te cuidó, debido a tu crudeza, de que no fueras expuesto a este esfuerzo."

Alacena

Uno de los seguidores de Musa Arkani dijo:

"¿Por qué debemos soportar pinchazos tales como las acciones de este idiota que ha tomado la responsabilidad de atacarnos tan a menudo, afirmando que somos tontos, ilusos y que encima tratamos de explotar a otros?"

Arkani dijo:

"El comportamiento del entorno es una manifestación del entorno. Hemos abierto una alacena llena de delicias. Un perro se ha lanzado hacia adelante y está ladrando y lanzando mordiscos. Pero todos sabemos por qué los perros hacen estas cosas. Las hacen a causa de su naturaleza: la ocasión no tiene importancia para ellos.

"Pero supongamos que hubiera sido un oso gigante. Ya habrías sido aplastado hasta morir... y por lo tanto no estarías en condiciones de permitirte el lujo de ser molestado por perros callejeros."

Lo que tiene que ser

Un visitante le reprochó a cierto Sufi la severidad de su conducta.

El Sufi dijo:

"¡Querido amigo! Me tomó veinte años de estudio y práctica aprender firmeza y conducta severa; ambas muy en contra de mi naturaleza. Ahora, y debido a que no has tenido esa misma experiencia, esperas que vuelva a ser como tú."

Generoso y humilde

ESTE INTERCAMBIO TUVO lugar entre Hariri y un visitante:

"¿Es mejor ser generoso o ser humilde?"

"¿Qué preferirías ser?"

"Yo envidio a las dos clases de personas."

"La envidia de una característica buena es peor que la de una mala. Esto se debe a que la envidia es envidia. Cuando el objeto de la envidia es algo bueno, es un ataque a lo bueno. Cuando el objeto de la envidia es algo malo, está en su debido lugar y se la puede ver por lo que es."

"Entonces, ¿qué debo hacer?"

"Debes cerciorarte de que eres sincero. De ese modo llegarás a ser humilde y generoso a la vez. La sinceridad no tiene lugar para la envidia."

Libros y sabios

UN HOMBRE COMENZÓ a visitar a un Sufi. Después de haber tenido dos reuniones, el visitante dijo:

"La última vez que estuve aquí, tú estabas inmerso en los asuntos de la congregación. Esta vez, me alegra ver que estás ocupado en algo más permanente: la organización del patrimonio de la Orden."

El Sufi dijo:

"Es encantador contemplar tu interés en nuestros asuntos cambiantes."

El visitante se fue, sintiéndose feliz de haber complacido al Sufi.

Uno de los discípulos preguntó:

"¿En qué sentido era agradable su preocupación por los asuntos organizativos?"

El Sufi dijo:

"Me recordó el placer que sentía cuando mis hijos eran jóvenes. El primer día que su profesor empezó a hablar de matemáticas, no les gustó la lección porque trataba de 'una naranja más una naranja es igual a dos naranjas'... y querían algo más serio que 'meras naranjas'

"Más adelante, se alegraron porque en la siguiente lección el profesor dijo: 'Dos libros más dos libros... es igual a cuatro libros.' Dijeron: 'Ahora sí estamos llegando a lo que vale... ¡está hablando de libros!'

"El tonto que acabamos de ver, cuyo abuelo nunca sospechó – por así decirlo – que la Vía Sufi pudiese ser enseñada mediante cualquier actividad (o a veces quizá mediante ninguna), es un candidato adecuado para la caridad. Es caridad complacer, dando la impresión de estar complacido."

Dos eruditos y un Sufi

DOS ERUDITOS CONVERSABAN. El primer erudito dijo:

"He escrito doscientos libros y la gente me respeta como un gran erudito. Pero a ti, que solamente has escrito un pequeño libro, la gente te considera una maravilla."

El segundo erudito dijo: "Mi libro es una joya y la gente lo aprecia como corresponde."

"¡Ay!" dijo un Sufi que estaba sentado en un rincón de la habitación, inadvertido hasta entonces, "la vanidad ha impedido a cada uno de ustedes darse cuenta de la verdadera situación."

Los hombres de letras se volvieron enfurecidos hacia él. Al principio se desahogaron con el derviche, pero él no respondió. Cuando hubieron descargado su ira, la curiosidad comenzó a apoderarse de ellos y dijeron:

"Dinos, entonces, cómo hemos de ser juzgados si no es por la excelencia de nuestras obras."

"No pensemos en libros sino en hermosas vestimentas", dijo el Sufi, "y les contaré una historia.

"Había una vez un hombre que hacía túnicas para casi todos los reyes de la tierra, y todo el mundo había oído hablar de él. Entonces, un día, otro hombre hizo una sola túnica: no extraordinaria, pero de suficiente excelencia. Esta solitaria túnica fue adoptada por cierto dandi y en consecuencia se hizo muy conocida. Las personas que habían conocido al fabricante de esta prenda antes de que hubiese comenzado su carrera, quedaron debidamente impresionadas y le rindieron honores; y lo consideraron como un prodigio, un hombre elegido entre ellos para ser especialmente distinguido, a quien la fortuna le había sonreído.

"Y un día, cuando el primer fabricante de túnicas apareció en medio de esta gente gritando 'Si lo honran a él, cuánto más deberían estimarme a mí: ¡porque yo visto a todos los reyes del Islam!' nadie dejó de saludar al fabricante de la prenda solitaria. La razón era, queridos amigos, que el fabricante de túnicas para todos los reyes de la tierra está demasiado lejos, demasiado elevado, más allá de la percepción del hombre humilde. Pero hacer una sola túnica, hacer que la elija un hombre en particular y ser recompensado por ello: estas son cosas que todos pueden entender."

Orden

Un seguidor le preguntó a cierto Sufi:

"Insistes en la disciplina, la obediencia y el servicio al Maestro. Exiges que hagamos exactamente lo que ordenas y que nunca nos desviemos de una orden y que no censuremos ni nos opongamos a persona alguna."

El Sufi dijo:

"Esa es una verdadera descripción de lo que he requerido."

"Pero", dijo el otro hombre, "parece que esto no tiene ningún valor, ya que tú nunca mandas y no das órdenes, y por lo tanto no tenemos forma de obedecerte."

El Sufi dijo:

"Todo este entrenamiento es por tu propio bien y por el bien del trabajo, este asunto nuestro. Si fuera para mí, te daría órdenes y haría que me obedecieras. Pero como es para ti, y la orden es por el bien de la orden, tengo que asegurarme de que obedecerás y que puedes servir y abstenerte de criticar.

"Estas cualidades se requieren para el tiempo en que se requieren, y la ocasión en que se requieren, no como algo que sea puesto a prueba continuamente. Si las tienes, las tienes. Si no las tienes, adquiérelas por medio de la acción y el estudio. La obediencia, por ejemplo, no se aprende solo obedeciéndome. Puede que se la aprenda mediante el aceptar las circunstancias en las que te encuentres.

"Si no tienes estas cualidades cuando sean necesarias, ello te resultará muy complicado. Tenerlas es lo importante. El mero hecho de mostrarlas es otra cuestión."

Incurriendo en culpa

Un discípulo le preguntó a un Sufi:

"¿Por qué el derviche incurre en culpa?"

"Puede que lo haga", dijo su maestro, "para revelar al público en general la disposición de la gente a culpar a otros, de manera que los observadores puedan advertir esa tendencia en sí mismos y sean menos propensos a ese defecto. Puede que él concite los reproches con el fin de revelar la vileza de ciertos culpabilizadores que disimulan sus verdaderos rasgos. Pero, así como una serpiente puede parecer bella mientras se tumba al sol, y necesita al miedo o una presa atractiva para mostrar su naturaleza interna, también el envidioso y el decepcionado necesitan el estímulo de un hombre aparentemente indefenso – o de algún otro bocado incitante – para despojarse de su apacible semblante externo."

Éxito

Un hombre abordó a un Sufi y le dijo:

"Enséñame a tener éxito."

El Sufi contestó:

"Te enseñaré más que eso. Te enseñaré a ser generoso con los fracasados. Eso allanará el camino hacia tu propio éxito y te brindará muchísimo más. También te enseñaré a ser generoso con los que tienen éxito; de lo contrario, estarás expuesto a la amargura y a la incapacidad de trabajar en pos del éxito."

Tres razones posibles

Un derviche estaba sentado a la vera del camino cuando un altivo cortesano acompañado por su séquito, cabalgando en dirección contraria, lo golpeó con un bastón gritando:

"¡Apártate del camino, miserable!"

Una vez que hubieron pasado, el derviche se levantó y gritó:

"¡Que alcances todo lo que desees en este mundo, incluso hasta los rangos más altos!"

Un transeúnte, muy impresionado por esta escena, se acercó al hombre devoto y le dijo:

"Por favor, dime si tus palabras fueron motivadas por la generosidad de espíritu o porque los deseos del mundo sin duda corromperán aún más a ese hombre."

"Oh, amigo de rostro inteligente", dijo el derviche, "¿no se te ha ocurrido pensar que simplemente lo dije porque la gente que alcanza sus verdaderos deseos no necesita ir por ahí golpeando a los derviches?"

Curación

En cierta ocasión se le preguntó a un derviche:

"¿Cómo es posible que cures a enfermos, si tu propio maestro no puede?"

El derviche respondió:

"Una vez preguntaron a un hombre: '¿Por qué vas a la tienda de comestibles, si tu maestro no lo hace?' Y el hombre respondió: 'Voy a la tienda porque mi maestro está haciendo pan. Si él no estuviese ocupado con el horneado del pan, no haría falta harina'."

Diálogo

Un discípulo preguntó al representante de un derviche:

"¿Por qué fulano de tal no ha pasado por la fase de adquirir paciencia?"

Dijo:

"Tú eres la prueba de su paciencia... pues haces preguntas todo el tiempo, mientras que él no tiene necesidad de otras pruebas de ese tipo en esta casa de estudio."

Entonces el discípulo preguntó:

"Pero ¿cuándo empezaré yo mis ejercicios para desarrollar la humildad, que según se dice es lo que necesito?"

El representante le dijo:

"Así como eres una fuente para que él ejercite la paciencia, él es una fuente para que tú desarrolles la humildad. Soportarte a ti debería ayudarlo a ser paciente. Observar tu propia actitud para con él debería ayudarte a hacerte humilde a ti. No es humildad exigir que te hagan humilde."

Albóndigas

SE LE PREGUNTÓ a Awad Afifi:

"¿Qué tipo de acontecimientos mundanos pueden conducir a la comprensión de la Vía Sufi?"

Dijo:

"Te daré una ilustración cuando sea posible."

Un tiempo después, Awad y algunos de su grupo visitaron un jardín en las afueras de su ciudad.

Un grupo de rudos montañeses nómadas estaban acampando a la vera del camino. Awad se detuvo y compró un pequeño trozo de carne asada a un nómada, que había montado un puesto de kebab allí.

Mientras se llevaba la carne a los labios, el puestero emitió un grito y cayó al suelo en un extraño estado. Luego se levantó, tomó la mano de Awad y la besó.

Awad dijo:

"Sigamos nuestro camino."

Acompañados por el hombre del kebab, todos reemprendieron su viaje a lo largo de la carretera.

Este nómada se llamaba Koftapaz (cocinero de albóndigas) y pronto se reveló como alguien cuya baraka, poder espiritual, daba sentido y efecto a los ejercicios espirituales de toda la Escuela.

Awad convocó a sus seguidores y les dijo:

"Me han preguntado qué tipo de acontecimiento mundano puede conducir a la comprensión del Camino Sufi.

"Que aquellos que estuvieron presentes en la reunión con Koftapaz se lo digan a los que no estuvieron allí, y que luego el propio Koftapaz dé la explicación, pues ahora es mi representante designado."

Cuando todos fueron informados del encuentro en el camino hacia el jardín, el Sheikh Koftapaz se levantó y dijo:

"¡Oh gente sobre la cual se ha posado la sombra del pájaro benéfico Simurgh! Sepan que toda mi vida he sido un fabricante de albóndigas.

"Por lo tanto, me fue fácil reconocer al Maestro por la forma en que llevó un bocado a sus labios... pues había visto la interioridad de cualquier otro tipo de mortal mediante su exterioridad; y si eres un experto en tu propio trabajo, puede que reconozcas a tu Imán (líder) por medio de su relación con tu trabajo."

En la encrucijada

Un Sufi estaba sentado en un cruce de caminos una mañana, cuando un joven se le acercó y le preguntó si podía estudiar con él.

"Sí, por un día", dijo el Sufi.

Durante toda la jornada un viajero tras otro se detuvo para hacer preguntas acerca del hombre y la vida, acerca del Sufismo y los Sufis, o para pedir ayuda... o solo para presentar sus respetos.

Pero el Sufi errante simplemente se quedaba sentado en una actitud contemplativa, con la cabeza apoyada sobre su rodilla, y no daba respuesta alguna. Uno tras otro, los viajeros se fueron.

Hacia el anochecer, un hombre pobre que cargaba un pesado fardo se acercó a los dos y preguntó por el camino hacia el pueblo más cercano. El Sufi se levantó inmediatamente, acomodó la carga del hombre sobre sus hombros y lo condujo un trecho por el camino correcto. Después retornó a la encrucijada.

El joven discípulo preguntó:

"Ese hombre, a pesar de su apariencia de humilde campesino, ¿era un santo de incógnito, uno de los viajeros errantes y secretos de alto rango?"

El Sufi suspiró y dijo:

"Él era la única persona, de las que hemos visto hoy, que realmente buscaba el objeto que afirmó querer."

Poemas

Un vagabundo le dijo a un poeta Sufi:

"Tus versos se recitan en todas partes, pero tu creciente fama molesta a tantos como agrada a otros. ¿Puede haber algún propósito en esto?"

Dijo:

"Bienamado por los hermanos. Puede haber o no un propósito, pero ¡qué instructiva es la examinación del efecto!

"El Sufi es como el árbol que da sombra para alivio y madera para utilizar y fruta para placer y nutrición.

"Si un hombre se molesta con un árbol, los observadores pueden darse cuenta de lo estúpido que es y por lo tanto evitarlo. El crítico hostil piensa que el árbol es una serpiente que se yergue para atacar... ya que su animadversión distorsiona su visión.

"La gente sensata se retirará de la compañía de semejante desdichado. Y habrá al menos algunos que digan: '¿No es eso un árbol y no una serpiente?'

"Tales personas se acercarán a un árbol que, incluso con su sensibilidad, acaso hayan previamente pasado por alto.

"¿No has oído hablar del hombre que dijo: 'Si este hombre horrible dice que hay que oponerse a Zaid, me acercaré a Zaid; porque seguramente tenga cualidades que no he sospechado'?"

Discernimiento

Un visitante, quien además era un renombrado filósofo, dijo a Bahaudín Naqshband:

"He leído extensa y completamente acerca de las prácticas espirituales que pueden transformar a hombres ordinarios en Perfectos."

Bahaudín dijo:

"Hubieras hecho mejor en leer acerca de las etapas y los estados en los cuales pueden surgir los Hombres Perfectos. Pero tu deseo de perfección puede que sea como la ambición del granjero que sabía que la harina provenía del trigo, pero estaba tan apegado a la idea de harina que no trabajó la tierra y pereció de hambre."

El visitante dijo:

"¿El granjero no tenía a nadie que le reprochara la superficialidad de su pensamiento?"

Bahaudín contestó:

"Efectivamente sí. Un hombre sabio se le aproximó y dijo: 'No profundizas lo suficiente en este asunto'. Y el granjero respondió: 'Podrías haberme acusado de superficialidad si yo hubiese querido pan y solamente llegado hasta la harina. ¡Pero mira!... He ido más allá de la harina... ¡he llegado incluso hasta el trigo!' Esa fue la índole de su conversación."

El visitante dijo:

"En la casa de uno de tus discípulos he conocido gente enviada por ti, que posee la naturaleza de los santos y cuya santidad resplandece; y aquí, en tu propia casa, no encuentro ninguno así."

Bahaudín suspiró y dijo:

"En la casa del joyero hay gemas sin pulir; y aquellos que en la tienda se deleitan con el color del oro quizá sean incapaces de discernirlo en la mina."

Camellos y puentes

Una de las primeras personas en ser denominadas Sufis fue un hombre al que pocos comprendían. Un día, cierto visitante se dirigió al discípulo principal de este Sufi y le dijo:

"¿Por qué el Sufi rechaza a tanta gente? La mayoría de los hombres espirituales consideran que es una obligación enseñar a todos los que acuden a ellos. ¿Por qué no soporta la carga, para así poder ayudar a los demás?"

Se cuenta que el discípulo principal llevó al inquirido a un puente por donde cruzaban camellos con pesadas cargas. Él dijo:

"Ahora mira y hazte la pregunta de nuevo. Viendo este puente y esos camellos, pregunta en el lenguaje de camellos y puentes:

"'¿Por qué los camellos no llevan una carga más pesada? ¿Por qué el puente no soporta más?'"

Intercambio

UN DERVICHE FUE abordado por un completo desconocido que le entregó un trozo de tela.

Sin dudarlo, el derviche metió la mano en una cesta, sacó un pescado y se lo dio.

Los muchos jóvenes que rodeaban al derviche para absorber su sabiduría mantuvieron acaloradas discusiones sobre el significado simbólico – o de otra índole – de estas acciones.

Luego, después de muchos días, el derviche les pidió que le dijeran cuáles habían sido sus conclusiones. Entonces él dijo:

"La verdadera sustancia del intercambio fue permitirme elegir a aquellos de ustedes que dominan suficientemente la comprensión para ver... ¡que este fue un intercambio sin sentido!"

Mosquitos

Un derviche le dijo a un Sufi:

"Haces que sea difícil encontrarte. Pero esto no solo filtra a los mejores, las personas que sienten, para que te busquen: anima a los ociosos, a los que intentan encontrarte justamente porque es difícil."

"¿Y qué tendría de malo eso?" preguntó el Sufi. "La gente de verdadera percepción ha llegado a la puerta, y eso es correcto. Los ridículos siempre deben tener un objeto, y buscarán cualquier cosa difícil: sea yo o no. Pero es fácil echar a los ridículos, ya que para ellos puede que sea posible encontrar físicamente a un Sufi... mientras que encontrarlo espiritualmente les resulta imposible.

"Podemos luchar contra los lobos y admitir en nuestra compañía hombres racionales: pero una superabundancia de mosquitos estúpidos podría asfixiarnos. Y de eso no se beneficiaría nadie."

Cómo convertirse en un ladrón

HABÍA UNA VEZ un fanático religioso; era pequeño, de rostro más bien avinagrado y creía que todo lo que él era debía ser resultado de la sola influencia divina.

Un día, estando sentado mientras pensaba en lo bueno que era, se le acercó un ladrón alto y corpulento. El ladrón dijo:

"Soy un ladrón."

Al principio el hombre se sintió fastidiado, luego sorprendido, después con ánimo reprobador; pero el ladrón estaba allí para jugar con la vanidad del hombre. Empezó a decir cosas como "Eres demasiado pequeño para ser un ladrón... pero yo podría convertirte en el corredor más rápido del mundo."

En resumen, el fanático se interesó por las promesas del ladrón y su codicia se acopló a una nueva ambición: convertirse en corredor y saltador.

El ladrón visitaba diariamente al fanático, y cada día había más carreras y saltos en alto. Finalmente, fueron tales las alabanzas recibidas que el fanático decidió acompañar al ladrón en un robo.

Escalaron el muro del palacio del Sultán, dejaron atrás al guardia que los perseguía, subieron a una torre y saltaron al techo de la sala de audiencias, donde un rubí gigante colgaba suspendido sobre el trono en total oscuridad. Justo cuando estaban por apoderarse del rubí, fueron capturados por los guardias; se trajeron lámparas que mostraron al salón repleto de gente.

El rey le preguntó al ladrón qué estaba haciendo.

“Su Majestad”, dijo el ladrón, “recordarás que fui capturado hace algunos meses. Y me liberaron porque dije que ser un ladrón era consecuencia de la forma en que la gente se había aprovechado de mí durante mi juventud, y que incluso un clérigo honrado podía ser un ladrón. Su Majestad me liberó con la condición de que convirtiese a un hombre honesto en ladrón, y que lo trajese aquí. Fue precisamente para hacer esa demostración que pedí al chambelán que mantuviese este lugar a oscuras.”

“Esto es efectivamente una maravilla,” dijo el rey. “Que un ladrón haya sido tan honesto para mantener su palabra, y que un hombre religioso haya sido tan deshonesto para convertirse en un ladrón.”

Una milésima parte

UN HOMBRE PIADOSO pero lleno de adicciones visitó un día a uno de los más grandes Sufis de todos los tiempos, ansioso por verlo antes de morir, codicioso de obtener algo de él para sí mismo, incapaz de contener su curiosidad sobre cuál podría ser su aspecto, incapaz de acercarse a él con calma y tranquilidad, listo para aprehender.

Le dijo al Sufi:

"¡Tu Sufismo me embriaga! ¡Lo que he leído de tu trabajo me asombra! ¡No tenía ni idea de que había tanto conocimiento que aún no se había ofrecido a la humanidad!"

El Sufi dijo:

"Si lo que has experimentado del Sufismo te ha llevado a un estado como este, es mejor que apenas hayas visto una milésima parte de él."

El hombre piadoso dijo:

"¿Cómo puede ser?"

"Bueno", dijo el Sufi. "El Sufismo es una milésima parte del total del conocimiento. Puede que el resto sea conocido por el Sufi, pero es solo la milésima partícula lo que ve o siente una persona como tú."

El hombre piadoso dijo:

"¡Qué palabras, qué pensamientos, qué acciones! ¡Me siento desconcertado ante la grandeza de tal concepto!"

El Sufi dijo:

"Toda la sabiduría que utilizan los espectadores con el simple propósito de sentir admiración, se pierde en ellos. Cuidado con admirar demasiado el durazno... no vaya a ser que no puedas degustarlo. Eso es lo que significa ‘aprende cómo aprender’.”

El objetivo del ruiseñor

UN RUISEÑOR SIN hogar decidió que intentaría establecerse en cierto bosque. Los pájaros que ya estaban allí, sin embargo, tenían sus propias ideas sobre el asunto y pronto lo echaron.

Un día, sentado desconsoladamente junto al polvoriento camino cercano, fue espiado por otro ruiseñor, que se detuvo para preguntar por qué se veía tan desolado.

"Intenté hacer mi hogar entre otras aves pero me picotearon, me acosaron y me golpearon con sus alas hasta que no tuve más remedio que abandonar aquel bosque que ves allí", dijo el primer pájaro.

"Tal vez te hayas jactado", dijo el otro ruiseñor. "Cuando, en una situación similar, busqué un árbol propio, primero todos los pájaros me rodearon y preguntaron qué estaba haciendo, por qué estaba cantando."

"Sí, esos pájaros hicieron lo mismo conmigo", dijo el primer ruiseñor.

"¿Y qué dijiste?"

"Dije: 'Estoy cantando porque simplemente no puedo evitarlo.'

"¿Y luego?"

"Y luego me atacaron, tal como he descrito."

"Ah, ese fue tu error. Pensaron que no tenías autocontrol, que podrías estar loco y que acaso intentarías que ellos se comportaran de manera similar. Cuando me hicieron la misma pregunta, dije: 'Estoy tratando de complacerlos con mi canción.' Ese era un objetivo que ellos podían entender."

Abstención

Un peregrino devoto viajó durante varios días para visitar al Baba Charkhi. Cuando llegó a su casa, el peregrino se afligió mucho al ver que, a pesar de que era el mes del ayuno, Charkhi estaba sentado al mediodía ingiriendo grandes cantidades de carne asada.

Aunque amargamente decepcionado, el peregrino realizó su saludo y se sentó durante tres días junto al Baba con la esperanza de que alguna explicación le fuese ofrecida. Pero no hubo ninguna, y el desconsolado peregrino emprendió el viaje de regreso a casa.

No había llegado muy lejos cuando vio la celda de un hombre religioso a la vera del camino, y se detuvo a rezar y pasar algún tiempo junto al anacoreta.

El religioso, después de haber compartido un rato sentados, dijo:

"Estás triste y tu aflicción infecta tanto el aire que soy incapaz de mantener mi paz. ¿Es posible que hayas ido a visitar a Charkhi?"

El peregrino dijo:

"¡Tu percepción de mi estado es innegablemente una evidencia de la santidad de tus vigilias! Con esa observación has transformado mi dolor en deleite, y en lugar de tristeza ahora tengo esperanza. Pero ¿puedes contarme qué le ha sucedido al gran Charkhi para que se comporte de semejante manera?"

El santo contestó:

"Nada le ha sucedido a Charkhi. Yo me ocupo de plegarias y ayunos. Entono cantos devocionales y cumplo prácticas especiales. Soy abstemio y sigo las reglas formuladas para aquellos que se realizan. Esto es lo que tú deberías estar haciendo también; y esto es lo que Charkhi reconoció en ti y lo que te dijo mediante sus acciones.

"Si yo fuese un hombre tan grande como Charkhi, no necesitaría de tales cosas. Si tú estuvieses en condiciones de convertirte en su discípulo, no habrías sido influenciado por las apariencias o quedado insensible ante la realidad. Tú y yo estamos en la misma terrible situación. Quizá algún día uno de nosotros, o ambos, alcancemos la etapa en que podamos convertirnos en discípulos del Baba Charkhi."

Un erudito oscuro

UN ERUDITO OSCURO se acercó a un maestro Sufi y le hizo una pregunta estúpida.

"¡Vete de aquí!", dijo el Sufi.

El erudito se fue, afirmando en voz alta que el Sufi jamás podría ser educado aunque lo intentase y que además era un fanfarrón ignorante.

Otro filósofo, interesado por la actitud del Sufi pero sin saber bien cómo interpretarla, preguntó por la razón de su comportamiento.

"¡Ah, amigo!" dijo el Sufi. "Nunca interpretarás tal conducta según los estándares de las 'reglas' que buscas aplicar. Solamente podrás comprenderla mediante las normas de los 'momentos'.

"En ese momento tuve la oportunidad de hacer menos daño al sabelotodo, sacándomelo de encima 'impacientemente', que lo que hubiera logrado (debido a su carácter) mediante refutación, argumentos razonados o cualquier otra alternativa habitual."

"Pero ¿qué hay de tu propia reputación? Por ejemplo, como hombre cortés y moderado."

"La reputación del jardinero surge con la apariencia de las flores, no con la preparación de la tierra; y la reputación del agricultor con la cosecha, no con la trilla del grano. Si a cada momento detuviesen su trabajo para considerar la reputación, ¿habría flores, habría cosechas?", preguntó el Sufi.

"Es por ello que los sabios han dicho: 'El vestido de seda obtiene admiración y no genera ningún resultado real; por lo tanto, vístete con lana... hasta que ella se convierta en motivo de orgullo nocivo para ti."

Pensamiento limitado

Una noche, en una posada situada junto a una de las grandes carreteras de la Ruta de la Seda en el Asia Central, cierto hombre hablaba incesantemente en voz alta.

Todos esperaban que se callara para que los viajeros pudieran descansar antes de la partida, durante la madrugada del día siguiente.

Pero este hombre no daba señales de calmarse, y pocos de los presentes se alegraron cuando un derviche errante se acercó al charlatán y lo saludó educadamente diciendo:

“Deseo escuchar cada una de tus palabras con la mayor atención posible. Por favor, continúa.”

El parlador continuaba con mayor volumen y verborrea, fraseando su disquisición con un virtuosismo cada vez mayor, mientras que el derviche se sentó delante de él, mirándolo fijamente con intensa concentración.

A los pocos minutos el hombre casi había dejado de hablar... y el derviche estaba dormido.

Por la mañana, mientras se ensillaban los animales de la caravana para la marcha, algunos viajeros preguntaron al derviche el significado de su comportamiento. Él dijo:

“Ese hombre deseaba vuestra atención y ustedes no querían dársela, porque querían hacer otra cosa. Yo quería descansar, pero sabía que tendría que pagar por ello por adelantado. Tan pronto como nuestro amigo consiguió su objetivo, ya no lo quiso. Apenas conseguí el mío, de relativa tranquilidad tras un esfuerzo concentrado, lo aproveché... y ustedes también se beneficiaron.”

Cuando se le preguntó sobre sus propias impresiones de la noche anterior, el parlador dijo:

"Ese supuesto derviche tuvo la insolencia de dormirse mientras yo hablaba, después de fingir que estaba interesado. Solamente intentaba impresionarnos a todos. Que eso les sirva de lección."

Lo externo y lo interno

UN SUFI DE Bujara atraía a grandes muchedumbres, y su casa siempre estaba llena de discípulos y peregrinos.

Angustiado por esta actividad y movimiento, un estudiante devoto abandonó la ciudad – a poco de haber ingresado en ella buscando al sabio – y se dirigió a la cabaña de un contemplativo más solitario en el Turquestán oriental.

Después de que ambos hubieron estado un rato en contemplación silenciosa, el místico levantó su cabeza, habiendo leído la mente de su visitante, y dijo:

"Cuando juzgues por lo externo, por las meras apariencias, solamente obtendrás superficialidades.

"Te desagradó el aspecto del sabio de Bujara, y por lo tanto no pudiste percibir su aspecto interior.

"En el Día Final, si has de ser juzgado de manera similar – por tu forma externa –, ¿por qué no preparas tu propia exterioridad? Estás sobriamente vestido; adórnate con cuentas. Tu túnica es sencilla: hazla llamativa. Decórate y lúcete. Entonces al menos se te podría reconocer el mérito de ser coherente."

Si disfrutaste este libro, por favor deja una reseña en Goodreads y Amazon (o donde quiera que hayas comprado el libro).

Las reseñas son el mejor amigo de un escritor.

Para estar al tanto de las novedades acerca de nuestros próximos lanzamientos o noticias de la Idries Shah Foundation, apúntate a nuestra lista de correo:

http://bit.ly/ISFlist

Y para seguirnos en las redes sociales, usa cualquiera de los siguientes enlaces:

https://twitter.com/IdriesShahES

https://www.facebook.com/IdriesShah

http://www.youtube.com/idriesshah999

http://www.pinterest.com/idriesshah/

http://bit.ly/ISgoodreads

http://fundacionidriesshah.tumblr.com

https://www.instagram.com/idriesshah/

http://idriesshahfoundation.org/es

www.ingramcontent.com/pod-product-compliance
Lightning Source LLC
LaVergne TN
LVHW091133080826
845145LV00008B/2140

* 9 7 8 1 7 8 4 7 9 8 5 8 1 *